ちくま新書

チベット仏教入門

――自分を愛することから始める心の訓練

吉村 均
Yoshimura Hitoshi

1370

チベット仏教入門——自分を愛することから始める心の訓練【目次】

第二章　仏教の要点　049

第三章　伝統仏教学のすすめ　067

第五章 仏教の実践 141

なぜ世界でチベットの教えが関心を持たれているのか？

日本仏教とは異なる「チベット仏教」なるものがあるわけではありませんし、「チベット仏教徒」がいるわけでもありません。

三宝（仏・法・僧）に帰依しているのが仏教徒の定義で、「チベットのブッダ（仏）」や「チベットのダルマ（法）」があるわけではありません。チベットのお寺でお坊さんたちが仏教を学ぶ教科書は、ナーガールジュナ（龍樹）、アサンガ（無着）、チャンドラキールティ、シャーンティデーヴァといった、古代インドの高僧がたの著作です。

仏教徒にとって最大の聖地は、お釈迦さまがさとりを開かれたインドのブッダガヤですが、そこにはさとりを開かれた場所に建てられたマハーボーディ寺院（大菩提寺。『西遊記』の三蔵法師のモデルである中国の玄奘三蔵も、シルクロードを旅して、ここを訪れています）を中心に、日本寺、チベット寺、タイ寺、ブータン寺、中国寺など、世界各国の寺院が建てられています。寺院建築も仏像も、それぞれの国の様式で建てられ、特色がありますが、ブッダガヤに参詣する世界中の人は、「私はチベット人だからチベット寺に」ということはなく、どのお寺も同じように巡って参拝しています。

サンガ(僧伽)の戒律というのも、お釈迦さまが定められたメンバー規約で、すでにメンバーになっている者から承認を受けると、世界のどこでも比丘(びく)・比丘尼(びくに)として通用します。退会や除名(!)規定も、お釈迦さまが定められています。

それぞれの道は、表面的には大きく違って見えるところもあるかもしれませんが、理解が深まっていけば、同じ山頂を目指す道であることが理解できるようになります。それが仏教という「道」の特色です。

†ダライ・ラマ法王

ダライ・ラマ法王は、ノーベル平和賞(一九八九年)受賞者で、世界でもっとも有名な仏教僧でしょう。初対面の人ともすぐうちとけ、誰に対しても分け隔てすることなく、いつも顔をくしゃくしゃにして笑っている。まるで子供がそのまま大人になったような天真爛漫(らんまん)なお人柄、と評されることが多いですが、ご自身では、もし仏教がなかったら、睡眠薬なしに眠ることはできないと語っておられます。

人間の幸福と苦悩は、何度もいいますが、第一には本人の思考様式、すなわち考え方・心構えによって決まります。たとえば、私たちチベット人は国を失って、難民になりました。……私はときどき、〝もしダライ・ラマが頼るべきダルマの理解を少しももっていなかったならば、いまごろはもう、私は睡眠薬を飲まずには眠れなくなっていることでしょう〟といって、人々と冗談を交わすのです。しかし、私は睡眠薬なしで元気にやっています。たとえ私がまだ何も悟ってはいないとしても、仏陀の教えに対するささやかな理解は、絶望的な日々のなかにあっても、たいへんな助けになるのです。(『ダライ・ラマ　他者と共に生きる』春秋社)

ご自身の出身地であるアムド地方の人は短気で有名だそうで、仏教修行のおかげで最近は怒ることが少なくなった、とも語られています(『思いやりのある生活』光文社)。ご自身の今の性格は、生まれつきというより、後天的な、仏教の修行によるところが大きいというのです。

実際、子供のころの写真を拝見すると、気むつかしそうで、とても天真爛漫、という感じではありません(次頁写真)。

かつて日本では、チベットの仏教を正統なものとは異なるという意味で「ラマ教」と呼んでいました。「ラマ」は直訳すると「上人(しょうにん)」で、師僧(しそう)のことです。チベット仏教は、ラマを崇拝する、特殊な仏教だというのです。

しかし、高野山大学で教鞭をとるためにダライ・ラマ法王から日本に派遣された学僧、ニチャン・リンポチェは、この「ラマ教」という言葉を別な視点から捉えられています。この言葉は、チベットを訪れたキリスト教の宣教師がチベットの信仰を「ラマイズム」と呼んだことに起源があり、キリスト教が創造主(そうぞうしゅ)の命に従う「神教」であるのに対し、仏教は師である仏陀の教えに従って、自身も仏陀になることを目指す教えなので、「先生教」である。チベットの教えを正統とは異なるという意味で「ラマ教」と呼ぶのは間違いだが、「ラマイズム」という言葉自体は、一神教とは異なる仏教の特色をよく示している、というのです。

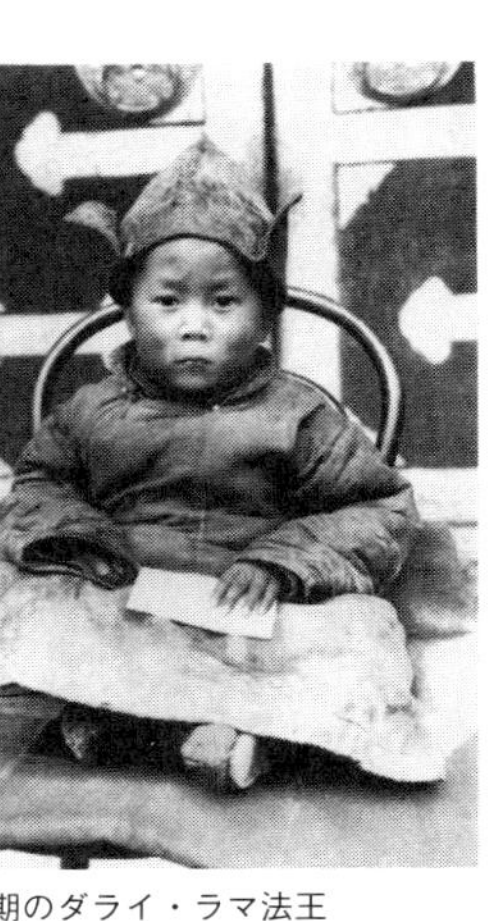

幼少期のダライ・ラマ法王

私自身、学生に仏教の特色を説明するときに、TVの深夜番組のダイエット商品のCMのようなものだ、と説明することがあります。CMでは、その製品の愛用者がその器具やサプリでこんなにスリムになった、と効果を語りますが、師僧のふるまいこそが、教えがどのように効果があるのかを示す実例なのです。

†仏教の目的――幸せになること

そのダライ・ラマ法王は、仏教の目的を「幸せになることだ」と言い切られています（『思いやりのある生活』）。これは、意外に思われる方もいらっしゃるかもしれません。仏教は我を否定する教え、利他を説く教え、あるいは死者のための教えで、自分の幸せとは正反対のものだ、というイメージを持っている人も少なくないのでは、と思います。

しかし、日本でもチベットでも、仏教の実践は、「人身得難し、今已に受く」（三帰依文）、自分がこうやって今人間として生まれて生きているというのは、例外的な幸運なのだ、ということに気づくことからはじまります。仏教という言い方は明治以降広まったもので、かつては仏道と呼ばれていました。仏教は道なので、順番を間違えてしまうと、目指す目的地には到達できません。

一〇〇パーセント満足してはいないとしても、自分の今の状況はかなり恵まれている、という自身に対する肯定的な感情が仏教の実践の出発点で、無我の教えも利他の教えも、それを前提として、その肯定的な感情を拡大するためのものなのです。

もちろん、それに対して、私はまったく恵まれていない、悲惨な状況だ、どこが恵まれているんだ、と反論する方も少なくないでしょう。しかし、当然のことですが、仏教を信じたチベット人やかつての日本人が、今の私たちと比べて物質的に恵まれ、健康で病気がなく、快適な環境ですごしていたわけではありません。

「百万円ないから、私は不幸だ」と考えている人がもし百万円手に入れることができたとしたら、しばらくは満足しているかもしれません。しかし、しばらくすると「一千万円ないから、私は不幸だ」と考えるようになります。一千万円が手に入れば、また同じで、しばらくすると「一億円ないから、私は不幸だ」ということになります。

「隣の花は赤い」というのが、私たちの心ですが、その心でいる限り、どこまで行っても、赤いのはいつも隣の花です。

健康な体をもっていても、破産した、リストラされた、離婚されて一人ぼっちになった、など様々な理由で、生きている意味がないと、死を選んでしまう人がいます。しかし、大金持ちで病気がちな人は、その健康な体さえ手にはいるならば、一億円だしてもいい、と思うでしょう。

毎日学校へ行くのが嫌で、学校のない世界に生まれることができたら、と願っている人もいるかもしれません。でも、世界には学校に行くことができず、学校に行くことができたら、と心の底から願っている人も少なくありません。以前、『世界がもし100人の村だったら』（マガジンハウス）という本が話題になったことがあります。人口比率を百人の村にたとえているのですが、「戦争に巻き込まれたことが一度もない」「飢えを一度も体験したことがない」というだけで、百人の村で少数派になってしまうのが、世界の現状です。

自分が持っていないものに目を向けるのではなく、自分が持っているものの価値に気づくこと、これが仏教の出発点です。

現在、世界で仏教に注目が集まっているのは、実際、社会で成功して物質的には何不自由ない生活を送っていて、しかし心は満たされず、仏教の教えは本当だと痛感する人が増えてきたためです。

†瞑想の効果——科学的検証

ダライ・ラマ法王は、伝統的にそう説かれているからそれを信じる、というのではなく、それが本当かどうかを検証する必要がある、それが仏教的な態度だ、というお考えで、科学者との対話を数十年続けられてきました（心と生命会議）。釈尊も「私の教えを無条件で信じるのではなく、黄金が本物かどうか、こすったり焼いたりして確かめるように、私の教えも確かめなさい」と説かれた、ということを強調されます。

チベットの伝統には、体の熱を発生させる「トゥモ」と呼ばれる修行法や、高僧が医学的な死後もしばらく瞑想状態を保ちつづける「トゥクダム」という現象がありますが、ダライ・ラマ法王はそれらに対しても指示して、医学的な検討をおこなわれています。

仏教は幸福のためだというが、では瞑想中の修行者の心の状態はどのようなものか？　現在はｆ―ＭＲＩという装置などを使って、生きている人の脳のどの部分が活性化しているか、どのような感情を持っているかを知ることが可能になっており、それを使って瞑想の効果についての試験もおこなわれています（ダライ・ラマ、ダニエル・ゴールマン他『なぜ人は破壊的な感情を持つのか』アーティストハウス）。

そういった成果が雑誌などで紹介され、瞑想の有効性が広く知られたことも、西洋人が仏教の実践に関心を向けるのに役立っています。

ケネス・タナカ『アメリカ仏教』（武蔵野大学出版会）によると、アメリカの人口に仏教徒の占める割合は、約一パーセントです。これは日本におけるキリスト教徒の割合とほぼ等しいです。

改宗しないまでも、生活の中に仏教を取り入れる人は、それ以上います。仕事から帰ってベッドサイドで英語の仏教書を読み、朝、目が覚めて少し瞑想をしてから会社に行く、ナイトスタンド・ブッディストと呼ばれる人たちの存在を、『アメリカ仏教』は紹介しています。

†宗教的多様性

長年、西洋社会を訪れてきたダライ・ラマ法王ですが、西洋人の仏教への改宗は望まないことを明言されています。世界に多様な宗教が存在するのは、その地域地域にあった教えがあるためで、改宗には慎重になるように、もし改宗する場合も、けっして自分の捨てた宗教を批判しないように、と説かれています。

これは政治的な配慮ではなく、仏教の考え方に基づいています。仏教には様々な経典が存在し、異なる内容が説かれていますが、伝統的にはそれを「対機説法」――釈尊が一律ではなく、相手に合わせて異なる教えを説いたこと――で説明しています。

『華厳経』入法界品は、数多くの菩薩を訪ねて教えを授かる善財童子の求法の旅の物語ですが、菩薩は仏教徒の姿をとるとは限りません。

入法界品に登場する菩薩は、観音菩薩や文殊菩薩、弥勒菩薩もいれば、仏教僧の姿をとるもの、長者の姿をとるもの、遊女の姿をとるもの、ヒンドゥー教の苦行者の姿をとるもの、など様々です。

一切衆生を苦しみから救うのが菩薩の目的で、一切衆生には様々な気質の者がいますから、それに合わせて、多様な姿をとる必要があるのです。もし菩薩が比丘の姿しかとらないのなら、仏教に関心のある人しか救うことができません。

また、ダライ・ラマ法王は、世界の宗教の多くは、共通してやさしさや利他の精神、平和を説いていて、教えの違いは、それをどうやって達成するか、の理論の部分でしかないとも説かれています。

たとえば、キリスト教は神による世界の創造を説きますが、仏教は認めません。逆に、仏教は生まれ変わりを説きますが、キリスト教は認めません。

ダライ・ラマ法王は、キリスト教徒に対して、神による世界の創造を認め、その神を信じ、たたえるのであれば、他の人々は皆自分と同じく、その神によって創られたものなのだから、自分と同様に大切に扱い、その幸せを自分の幸せと同様に願うべきだ、と説かれています。

チベットの伝統でよく説かれる、他者の幸せを願うべき理由として、私たちは果てしなく生まれ変わりを繰り返しているのだから、現在は何の関係もないと思える生き物も、かつて自分の母として自分を育ててくれたことがある、その恩を考えなさい、という教えがあります。

これは西洋人の眼に、自分たちとは異なる発想として新鮮に映るようで、映画『セブン・イヤーズ・イン・チベット』にも、この教えを踏まえたシーンが登場します。

映画は、ヒマラヤ登山を目指すオーストリアの登山隊が、第二次世界大戦がはじまって、当時のインドはイギリス領で、オーストリアはナチス・ドイツに併合されていたため、捕虜収容所に入れられてしまい、そこを脱走して、ヒマラヤを歩いて越えて当時鎖国状態だったチベットに逃げ込み、少年ダライ・ラマと交流を深める、という内容です。

そのなかで、異文化体験をしめす例として、この教えが使われます。少年ダライ・ラマはブラッド・ピット演じる登山家に、映写機があるので、自分のために映画館を作るよう求めるのですが、建築現場に行くと人夫たちが騒いでいて、「ミミズがいる、これは前世であなたのお母さんだったろうから、傷つけないでくれ」と口々に言います。少年ダライ・ラマに尋ねると、チベットには先ほど述べた教えがあることを知らされ、次のシーンでは僧侶が行列をつくって、器にいれてうやうやしくミミズを運び、祈りを唱えながら、別の場所に放していました。

私はこの映画を試写会で見たのですが、日本の観客から笑い声があがっていました。

この映画の原作は、鎖国状態だったチベットにはいった登山家の手記（ハインリヒ・ハラー『チベットの七年』白水社）で、少年ダライ・ラマとの交流も事実ですが、あくまでも娯楽作品なので、事実とは異なる点も多々あります。そもそも、ミミズが出たので大騒ぎになり、映画館が建てられないのであれば、ダライ・ラマの壮大な宮殿（世界遺産になっているポタラ宮）はどうやって建てたのだ、ということになってしまいます。

ただ、この教えがあるのは事実で、それはチベットと日本で共通して説かれるものでした。日本で最も読まれている仏教書のひとつは、親鸞聖人の教えについて弟子の唯円がしるした『歎異抄（たんにしょう）』でしょうが、その中で親鸞は、自分が父母のために念仏を唱えない理由として、すべての生き物は前世の父母兄弟で、いずれも次の生に仏になって救うべき存在だ、ということを挙げています。

日本では近代化のなかで輪廻が説かれることが少なくなり、現代の日本人にとっても、風変わりな教えに聞こえるようになってしまったのでしょう。

いずれにせよ、世界は神がおつくりになった、すべての生き物は生まれ変わりを繰り返している、それぞれ考え方は違いますが、その教えによって目指されるのは、他の生き物を自分と同じように愛すべきだということです。

もちろん、このことは自分の信じる教えが何であるかは重要ではない、ということではありません。教えを正しく理解し、その教えが他の生き物を愛するという結論に至ることが納得でき、そのことによって、同様のことを目的とする他の教えに対しても敬意を払うことができるようになるのです。

†仏教の要点——その効果

仏教でも、長寿や健康を祈ることはありますが、だからといって、いつまでも長寿や健康でいつづけることはできません。

仏教の要点は、仏に祈れば癌が消える、ではなく、癌であってもそのことで精神的に押しつぶされず、生きている時間を充実してすごすことができるようになることにあります。

苦しみは、それに目を向けるとどんどん大きくなり、その人を押しつぶします。仏教の利他の教えは、視野を広げることにより、自分の苦しみを相対的に小さなものにする効果がありま す。

以前、ダライ・ラマ法王が今よりお元気で、来日時に日本各地をまわって講演をおこなわれていた頃、東京以外の講演会に熱心に通ったことがありました。正直、講演内容はさほど変わらないのですが、質疑応答の時間に、寄せられる質問にどうお答えになるのかに関心があったのです。

講演が、練習曲だとすれば、様々な質問をどう受け止め、どう答えるかということの方に、仏教の実践の本番、真の教えがあるのです。ダライ・ラマ法王ご自身もそのことはよくご存じで、各地の講演で、なるべく講演の時間を長くとりたい主催者側と、なるべく講演を短く切り上げ質疑応答の時間を長くしたい法王のせめぎ合いが見られました。

「息子が失恋から立ち直れない」「信頼していた方が亡くなり、打ちのめされている」、ありとあらゆる質問が寄せられ、苦境を訴える質問者に対して、共感を示して聞いたうえで答えられる内容としてよくあるものに、「あなたの置かれている状況は私にはわからないが、絶望的と思われる状況だとしても、視野を広くすることが、もしかしたらあなたの役に立つかもしれない」というものがありましたが、これはそのことを言っています。

これは単なるなぐさめの言葉ではありません。

以前、インド・ブッダガヤで予定されていたカーラチャクラ（時輪）タントラの大灌頂が、ダライ・ラマ法王の病気で延期になったことがあります（二〇〇二年一月）。ちょうどその時、私も参加していたのですが、ダライ・ラマ法王がブッダガヤに到着して釈尊がさとりを開かれた大菩提寺に参詣された後、周囲の仏跡巡礼に出かけられ、お戻りになって教えが始まることになっていました。

ところが予定が変更になり、灌頂に先立っておこなわれる前行法話を、他の高僧が代わりにおこなうことになりました。お体の調子がよくないと噂されるなか、予定より遅れて会場に法王がお見えになることが通知されました。

ようやく人々の前に姿を現わされたダライ・ラマ法王は、いつもの朗々とした、聞くものを安心させる太い声とは似ても似つかないか細い声で、自分が体調を崩したこと、病室から中継で灌頂を授けるつもりでいたが、いつも周囲には無理せず医師の指示に従うよう言っているのに、自分が守らないのは一貫性に欠けること、灌頂は一年延期するが、せっかくブッダガヤまで来たのに、灌頂が中止になって、来たことが無駄になってしまった、とは思わないでほしい。ここは仏教徒にとって最高の聖地で、数多くの高僧も来ている。引率されてきた信者は高僧にお願いして教えを説いていただいて、ここに来たことを有意義なものにしてほしい、そう告げられると、もう玉座から降りることもできず、そのまま僧侶たちに抱えられ、運ばれていきました。

ブッダガヤは騒然となりました。夜通し法王の健康を祈る者、積極的な西洋人は、道を歩く高僧を見かけると、ダライ・ラマ法王が勧められたのだからと教えをお願いして、公園やホテルの庭で、即席の教えが開かれました。

チベットには、釈尊がこのブッダガヤで梵天から教えを説くことを懇請され、教えが説かれるようになったという故事を踏まえ、聴衆が「法輪を転じてください」と祈ってから教えが始められる慣習があります。まさに人々の願いにこたえてあちこちで教えが説かれる、かつてのインドの再現のような光景がここそこで展開され、一生忘れることのできない体験になりました。

それまで、亡命チベット人は、観音菩薩の化身とされるダライ・ラマ法王に祈ればなんとかしてくださる、と、信仰心は篤いのですが、ダライ・ラマ頼みで自分から何かしようという姿勢に欠ける印象があったのですが、その時は誰もが、自分にできる最善のことをしようと一所懸命でした。

翌年開かれたブッダガヤでの灌頂は、その前にネパールで受けていた教えが延びて参加することができず、南インドのアマラーヴァティでカーラチャクラを受けることができました（本書第七章4)。その時、同宿になった若いチベット人も、話をしたら延期になったブッダガヤの教えに来ていたそうで、「何もない教えが、自分にとって最高の教えだった」と語っていました。

あとで、その時のことを本で読んで驚きました。腸壁に穴が開いていたのだそうです。信じられないような激痛にもかかわらず、私たちの前に現われて、メッセージをくださり、ご自分では病室から灌頂を授けようかとも考えたというのも驚きですが、病院に運ばれていく車のなか、窓の外の貧しい人たちの姿に心を奪われ、激痛ではあったものの、そのことで動揺しなかったというのです。

わたしが最近、インドのビハール州にあるブッダガヤに滞在していたときのことです。わたしはそこで慢性腸炎を発症しました。病院へ向かう途中も、あまりの痛さに冷や汗をだらだらと流していました。車は、仏陀が法話をされた霊鷲山(りょうじゅせん)がある地域に差しかかりました。ここの村人たちは、信じられないほど貧しい生活を強いられています。……学校に通う子どもの姿もなく、わたしの目に映ったのは、貧しさと病だけでした。

わたしは今でも鮮やかに覚えています。小児麻痺にかかった幼い少年が、さびついた金属製の装具を足につけ、金属製の松葉杖でなんとか体を支えていました。誰も少年の世話をしていないのは明らかでした。わたしの胸を深く突き上げるものがありました。しばらくして茶店の前を通りすぎると、ぼろぼろの服をまとった老人が、その店の前の地面に倒れていました。でも、そばにいる人たちはまったく無関心です。

病院に到着しても、頭のなかは、途中で目にした光景でいっぱいでした。ここでわたしは、たくさんの人に世話をしてもらっているのに、あの貧しい村の人々には、手を差し伸べてくれる者は誰もいない。なんと悲しいことでしょう。わたしはじぶんの苦しみより、そちらのほうが気になりました。体からは、相変わらず汗が噴き出していましたが、思いは別のところにあったのです。

こうして肉体的には、激しい痛み（わたしの腸壁には穴が開いていました）のため、眠ることもままなりませんでしたが、心のなかには、なんの恐れも、不快さもありませんでした。でも、もしわたしが自分の苦しみだけに目を向けていたら、事態はもっと悪くなっていたことでしょう。わたしのこのささやかな経験を通して、慈悲の心は、ほかの人々を直接助けられないようなときでも、自分自身の肉体的な痛みをある程度やわらげ、精神的な苦しみを遠ざけてくれることがわかると思います。

慈悲の心があれば、視野が大きく広がり、勇気がわいてきて、あなたはもっとリラックスします。生きとし生けるものの苦しみに思いが広がっていくとき、あなた自身の苦しみなど、

小さなことに思えてくるのです。（『ダライ・ラマ　死と向きあう智慧』地湧社）

痛みはあるかもしれませんが、それが物理的な苦痛以上のものにならない、仏教の実践にはそのような効果があるのです。

これが、仏教の教えがいかに私たちに役に立つのかという実例です。もちろん、誰もが直ちにそうなるわけではありませんが、ダライ・ラマだから平気だというのではなく、長年の仏教の実践による効果です。仏教の教えにはそれだけの力があるのです。

第一章　チベットの仏教の歴史——日本との対比

1　日本仏教とチベット仏教

†共通している仏教一般の考え方

現代の日本人が他の国の仏教に接した際、よくもわるくも日本仏教とは大きく異なるものという印象を持つ方が多いのではないでしょうか。しかしそれは、他の国の仏教が特殊だからではなく、近代における日本仏教の改変による場合が多いと思われます。

たとえば、チベット仏教に『チベットの死者の書』と呼ばれる教えがあります。これは欧米で翻訳紹介された際に古代エジプトの『死者の書』に似ているというのでつけられた名前で、正しくは『バルド・トゥー・ドル（中有(ちゅうう)における聴聞による解脱）』と言います。チベットでは人は死んですぐ他の生き物に生まれ変わるのではなく、七週間以内に生まれ変わると考えられており、「バルド」と呼ばれるその期間、この教えが死者のために唱えられます。

以前TVのNHK特集で取り上げられたことがあり、大きな反響を呼びました。現在はDVD化されているものを見ることができます（『NHKスペシャル　チベット死者の書』ウォルト・ディズニー・ジャパン）。この「バルド」という言葉は直訳すると「間」という意味で、仏教用語の「中有（中陰）」に相当します。

教えそのものはチベットのものですが、背景となっているのは仏教一般の考え方で、日本の「初七日」や「四十九日」といった追善儀礼（中陰廻向）も、同じ考えにもとづいています。

仏教ではすべてのことは原因なく生じることなく、良いことをおこなえば良い結果、悪いことをおこなえば悪い結果がもたらされるとされています。人が次に何に生まれ変わるかは、その人のそれまでのおこないによって決まります。死んだ本人自身はそれ以上いいことも悪いこともおこなうことができませんが、次に生まれる（胎生の場合は受胎）までの期間、遺産の一部を僧やお寺に布施して、死者が法要のスポンサーとなるという形をとることで、文字通り善行の追加をおこなう。これが追善供養の本来の説明で、生まれ変わるまでの七週間、初七日から七×七＝四十九日まで、一週間おきにおこなうのが正式のやり方でした。

今日では初七日や四十九日は単なる儀礼の名称のように思われて、実際にその日におこなわれない場合も多く、輪廻を仏教の教えではないと否定する僧侶も少なくありません。それは近代化に合わせた改変であって、『チベットの死者の書』と日本の中陰廻向の背景となっているものは共通の教えなのです。

†活仏と化身

もうひとつ、チベット仏教の特色とされるものに、活仏制度があります。チベットには、高僧が亡くなると生まれ変わりの少年を探して、その地位を継がせる制度があり、現在のダライ・ラマは十四世で、十三世が亡くなった後に探し出された、その生まれ変わりです。これはチベット仏教が輪廻思想を持つからだと説明されることがありますが、それはまったくの間違いです。

そもそも、輪廻はチベットに限った考えではなく、西洋的な考えに合わせて説明を大きく変えた近代日本仏教と、カースト制度への批判から近代になって生まれたインドの新仏教徒運動（アンベードカル〔一八九一～一九五六〕の提唱）を除く、ほとんどの仏教の伝統において信じられています。

すべての生き物は解脱しない限り、それまでのおこない（業）の力によって、死ぬと別のものに生まれ変わるというのが輪廻の考えですから、もしダライ・ラマも業により輪廻する存在であるならば、私たちとなんら変わるところがなく、信仰する意味がなくなってしまいます。

「活仏」という言葉自体、中国人が付けたもので、チベットには存在しません。チベット人はダライ・ラマのような存在を「トゥルク」（トゥル＝変化＋ク＝身体の敬語表現）と呼んでいますが、これは仏教用語の「化身（けしん）」に相当するチベット語です。

高僧たちはすでに輪廻から解脱するだけの修行をおこなっていますが、輪廻の中をさまよい続けている他の生き物への慈悲の思いから、それらを救う誓いを立て（菩薩戒）、その誓願の働きによってふたたび生まれてくるとされ、信仰されています。歴代ダライ・ラマは観音菩薩の化身とされています。

生まれ変わりの少年を探して地位を継承させる制度こそチベット独特のものですが、菩薩の誓願は大乗仏教の実践の核心というべきもので、日本や中国の仏教でもきわめて重要な意味を持っていました。日本のお寺には、釈迦牟尼（しゃかむに）仏や阿弥陀仏のほかに、その宗派の開祖の高僧がまつられていることが多いですが、明治以前においては、彼らはダライ・ラマと同様、仏菩薩の化身として信仰の対象とされていました。

たとえば、聖徳太子は日本に仏教を広めるために生まれてきた観音菩薩の化身、奈良時代の聖武天皇は東大寺の大仏を建立するために聖徳太子が再び生まれてきた存在とされていました。それに協力した僧行基（ぎょうき）は文殊菩薩の化身です。「南無阿弥陀仏」を唱える浄土信仰を広めた法然は、阿弥陀仏の脇侍（わきじ）で、阿弥陀仏の智慧を象徴するとされている勢至（せいし）菩薩の化身。その弟子で、浄土真宗の開祖とされている親鸞は、阿弥陀仏の慈悲を象徴する観音菩薩の化身とされていました。「南無妙法蓮華経」を唱える法華経信仰を広めた日蓮は、法華経の中で釈尊によって将来法華経の教えを広めると予言されている菩薩（地涌の菩薩）の一人、上行菩薩の化身とされていました。

変わったところでは徳川家康もそうです。東照宮は現在では、徳川家康を神としてまつった神社とされていますが、それは明治維新の際の神仏分離の結果であり、江戸時代は、家康は戦乱の世に終止符を打つために現われた薬師仏の化身（東照大権現）であるとされていました。

日光の東照宮はその壮麗な建築が世界遺産に指定され、世界中から観光客を集めていますが、家康をまつる拝殿本殿の脇に、家康の本体である薬師仏をまつる本地堂があり、陽明門の石段の下には仏教式の五重塔が建っています。これらは神仏分離の際に取り壊す話もでたようですが、さすがにそこまでしなくてもいいとストップがかかったものの、現在、本殿・拝殿や陽明門などは神社、本地堂や五重塔は仏教寺院の施設とされ、同じ場所に神社とお寺の建物が併存するという変則的な形になっています。

2　チベットの仏教の歴史

†国家事業としての組織導入

ここで、今にいたるチベット仏教の歴史を概観しておきましょう。チベット人が語る歴史では、観音菩薩の化身の猿と羅刹女(らせつにょ)が交わって生まれたのがチベット人の祖先で、そこから語り始められるのですが……。

チベットよりも日本のほうが多少、仏教が伝わったのは早いようです。日本の大化の改新（六四六年）の頃、ソンツェンガンポ王の時代に中国とネパールの皇女が輿入(こしい)れし、仏像や経典がもたらされたといわれています。中国の文成公主によってもたらされたのが、ラサのチョカン寺にまつられているチョヲ（瑞像）で、釈尊の在世時に、釈尊が亡き母のいる三十三天に赴いて教えを説き、釈尊の不在を嘆く優塡王(うでんのう)のために造られた、という伝承をもっています。

面白いことに、京都の清凉寺にある釈迦牟尼仏像（国宝）も同様の伝承をもっています。当時、中国に優塡王のために造られた瑞像があり、実際にはその模刻ですが、縁起ではすり替えて本物の方が日本にもたらされたとされ、三国伝来の仏像、釈尊在世時に造られた生身の釈迦牟尼像として、篤く信仰されてきました。

ソンツェンガンポ王は十六条の憲法を制定して、仏教による国の統一をおこない、聖徳太子の憲法十七条との類似が指摘されています。

その後、日本で奈良の東大寺が建てられて大仏が造営された（七五二年）少し後、チベットでもティソンデツェン王によって、国家の中心となるサムエ寺の造営がおこなわれました。

サムエ寺にあったグル・リンポチェ像

その際、仏教を嫌う土地神が造営を妨害し、昼間人が建設をおこなうと、夜、神々が全部石材や木材を元に戻してしまった、といわれています。法力を期待されてインドから密教行者パドマサンバヴァが招かれ、パドマサンバヴァはチベット各地を回ってチベットの神々を折伏して仏教を守護する誓いを立てさせ、サムエ寺も神々の協力で無事完成した、といわれています。

仏教以前のチベットでは、山や川などの自然が神格化されて信仰されていました。世界の最高峰エベレストの中国での名称がチョモランマだといわれますが、実際にはチョモランマは、その山にいる女神の名前でもあります。

仏教を守護する誓いを立てて護法尊となった神々は仏教とともに存在し、チベットでは現在も日本の明治維新以前のような神仏習合の状態が続いています。亡命先のインド・ダラムサラでも護法尊ネチュンがまつられ、ダライ・ラマ法王のために神降ろしと託宣が今でもおこなわれています。

パドマサンバヴァはグル・リンポチェと敬称され、チベットでは神話化された存在ですが、歴史的にはサムエ寺に金剛界の曼陀羅を築いたとされ、時代的に日本の空海が中国で学んだ密教に近い時代のインドの密教を学んでいたはずで、その点からも注目されます。

ティソンデツェン王とその招きで正式な比丘の戒律を伝えたシャーンタラクシタ、密教を伝えたパドマサンバヴァの三人は、ケン・ロプ・チュー・スム（僧院長・阿闍梨・法王の三人）として今でも深く信仰されています。

古代チベット王国は国家事業として組織的に仏教の導入をおこない、翻訳官を育成して組織的に経典の翻訳をおこないました。現在用いられているチベット大蔵経のほとんどは、この時代に訳されたものです。中国では長い時間かかって経典の翻訳がおこなわれ、翻訳の出来不出来にかなりのばらつきがありますが、チベット大蔵経は訳語を統一するための辞典が作られ、インド人の学僧（パンディタ）とチベット人の翻訳官が協力して翻訳作業にあたるなど、組織的に翻訳がおこなわれたため、学問的にも信頼度が高いといわれています。

一部には、漢訳から再翻訳されたものもあります（『金光明経』など）。

この時代を古訳（ニンマ）と呼び、ニンマ派は、この時代に翻訳された古タントラ（密教経典）と、パドマサンバヴァが将来の仏教弾圧を見越してチベット各地に埋蔵した教えを発掘したという埋蔵経典に基づく教えです。

宗派としての統一性はなく、実際にはお寺ごと、修行者ごとにそれぞれの教えを継承し実践しています。ニンマ派全体の管長が定められたのは、インドに亡命してから後のことです。その後、日本の平安遷都の年（七九四年）に、サムエの宗論がおこなわれました。これは中国からの禅僧とインドの中観派の学僧が王の前で論争し、インド仏教が正統とされた、というものです。

しかし実際には中国からの文化的影響も少なくなく、たとえばチベット医学には地・水・火・風・空の五大元素を説くアーユール・ヴェーダなどとも共通するインド系の教えと、木・火・土・金・水の五行を説く中国系の体系の両者が存在しています。このあたりのことは民族的なアイデンティティにも関わる微妙な問題で、議論しにくいところがあります。

混乱と新訳諸派の成立

日本では平安時代に最澄・空海が中国にわたって体系的な仏教理解をもたらし、平安中期には源信『往生要集』に見られるような浄土信仰が盛んになるなど、仏教の隆盛期を迎えますが、チベットでは古代王国が崩壊し、仏教も一時、衰退、混乱期を迎えます。

それは、ランダルマ王が仏教弾圧をおこない、暗殺されたことがきっかけで、それまでは国家事業として計画的に経典の翻訳がおこなわれていたのが、様々な人がヒマラヤを越えてインド・チベット間を行き来して、バラバラに教えを紹介し、混乱が生じたといわれています。

仏教には膨大な経典が存在し、異なる内容が説かれているため、それをどう整合的に理解すればいいか、チベットの中だけで議論しても結論はでず、インドから高僧を招聘することになりました。

招かれたアティシャが著した『菩提道灯論』は、仏教のあらゆる教えを一人の人が実践的な教誡として実践することを可能にする教えとされ、チベットの全宗派で学ばれています。

また、アティシャが彼の身の回りの世話をした一人のチベット人弟子（ドムトンパ。歴代ダライ・ラマの前世とされる）にのみ密かに伝えたとされる修行法「ロジョン（心の訓練法）」は、仏教の実践のエッセンスとして、これもチベットの全宗派で重んじられ、実践されています。

現在、アティシャの教えに基づくカダム派は、独立した宗派・教団としては残っていません。しかしアティシャの教えは宗派を超えて受け継がれ、学習と実践の核心として重んじられ、生きています。

サキャ派は、クンチョク・ギェルポ（一〇三四～一一〇二）がインドで学んだドクミ翻訳官から教えを受けて生まれました。カギュ派は、インドを訪れたマルパ翻訳官がナーローパなどから教えを受けて成立しました。マルパの弟子が、有名なミラレパ（一〇五二～一一三五）です。

日本でも、その少し後にいわゆる鎌倉仏教の時代になり、法然、親鸞、栄西、道元、日蓮らがそれぞれ特徴のある教えを説きました。

チベットの四大宗派のなかで、ゲルク派だけは成立が遅く、日本でいうと室町時代に、ツォンカパ（ロサン・タクパ、一三五七～一四一九）が、自身はインドを訪れずに、他宗派の高僧たちから教えを受けて成立した宗派です。顕教は主にサキャ派、密教はカギュ派から取り入れています。

その後日本では、戦国時代を経て、江戸時代に入って社会が安定しますが、チベットでは、一六四二年にダライ・ラマ政権が樹立され、僧侶が統治する、ユニークな国となりました。

†苦難の時代の到来

日本では、一八六八年に明治維新が起き、神仏分離がおこなわれました。これは日本の伝統に大きな変更を迫るものでした。それまでは、神社の多くに神宮寺が付属し、神のために僧が読経をおこなっていました。仏教には土地の信仰と結びついてその地に定着するという性格があり、弁財天や毘沙門天、大黒天などは仏教に取り込まれたインドの神様です。

神宮寺は破却されるなどして、インド系の神々をまつる社の祭神は『古事記』や『日本書紀』の神々に変更されました。仏教にとっては、苦難の時代の到来でした。

すこし遅れて、チベットにも大きな苦難が訪れます。ダライ・ラマ政権は、江戸時代の日本と同様、鎖国政策をとっていましたが、南からはインドを植民地としたイギリス、北からはロシア、東からは中国と、周辺の大国の脅威が迫るようになってきました。それに対してダライ・ラマ十三世は積極的な近代化の政策をとりましたが、十三世が没して生まれ変わりの十四世が政治をみるようになるまでの間、「伝統を守れ」という名のもとに、改革を担った十三世子飼いの家臣たちは粛清されてしまい、結果としてチベットは国を失いました。

3　チベットの諸宗派

†ニンマ派

ニンマ派とは、古訳派の総称で、もともとニンマ派というまとまった宗派は存在しませんでした。ニンマ派全体の管長が定められたのは、亡命後のことです。その名前は、古代王国時代に翻訳された教えに基づくことに由来します。

顕教の経典の大部分はこの時代に翻訳され、それは後で述べる新訳派の諸派でも用いられていますが、古訳の密教経典も存在します。ただ、それは寺院における学習では重視されますが、実際の修行では、チベット人がグル・リンポチェと呼んで尊敬するパドマサンバヴァが将来を予知してふさわしい時期に発見されるよう隠しておいたとされる教えが用いられることが多いです。前者をカマ（阿含）、後者をテルマ（埋蔵経）と呼びます。

たとえば、ニンマ派にはゾクチェン（大究竟）と呼ばれる教えがありますが、ビマ・ニンティクはビマラミトラという大成就者から伝わるカマ、カンド・ニンティクはグル・リンポチェが埋蔵されたテルマの教えです。この二つを統合したのが、大学者にして大成就者でもあったロンチェンパ（ロンチェン・ラプジャム・ディメー・ウーセル、一三〇八〜六四）です。ロンチェン・ニンティクは、ジグメ・リンパ（一七二九〜九八）が籠もって修行している時にロンチェンパのビジョンから授かった教えです。

†サキャ派

あとの三宗派は、いずれもサルマ（新訳派）、古代王国崩壊後に伝えられた教えを実践する宗派です。

サキャ派は、インドの後期仏教の中心だったヴィクラマシーラ寺院で学んだドクミ翻訳官の弟子になったクンチョク・ギェルポが始めた教えです。クンチョク・ギェルポの一族（クン氏）によって伝えられ、今でもサキャ派の管長は比丘ではなく、妻帯する有髪の密教行者です。いくつかの支派があります。このような氏族仏教の形態は、ある時期までのチベットではめずらしくなく、たとえばニンマ派でも、六大寺の筆頭とされるミンドゥリン寺の座主は世襲制です。

†カギュ派

カギュ派は、翻訳官マルパがインドを訪れ、密教行者のティローパからナーローパに伝わった教えを受けついでチベットに持ち帰ったことに由来します。マルパの弟子となったのが、ミラレパです。

ミラレパ

ミラレパは、亡き父の遺産を、管理していた叔父に奪われ、呪術を学んで叔父一家を死に至らしめました。自分のしてしまったことを心から悔いたミラレパは、マルパに救いを求め、一人で石造りの多層の塔を建てるなどの苦行の末、一生涯の修行で仏陀の境地に到達したとして、チベット全土で敬愛されています。さとりの境地を歌った「十万歌」(『ミラレパの十万歌』いちえんそう)は有名です。

カギュ派の教えを体系化し教団の形を整えたのは、ミラレパの弟子のガンポパ（ダクポラジェ）です。いくつかの支派に分かれ、もっとも大きなものが、歴代カルマパが率いるカルマ・カギュ派です。ディクン・カギュ派も何人もの高僧がたびたび日本を訪れ、日本人にはご縁の深い宗派です。

カギュ派にはもうひとつ、ナーローパの密教修行のパートナー（明妃）だったニグマの教えを伝えるシャンパ・カギュ派があります。現在では完全に教えを伝えるのはわずか数名の高僧になっていますが、ダライ・ラマ二世や現代では故カル・リンポチェなど、名だたる成就者を輩出してきました。

†ゲルク派

ゲルク派は、ダライ・ラマ政権の確立によって最大の宗派となって今日に至っています。他の宗派がインド仏教に由来するのに対して、ゲルク派のみは、開祖のツォンカパが他の諸宗派の師に学んで、それらを統合して成立した宗派です。顕教に関しては主にサキャ派、密教に関しては主にカギュ派から教えを取り入れています。

ツォンカパの大著『菩提道次第・大論（ラムリム・チェンモ）』は有名ですが、ツォンカパがラムリムの教えを受けついだのは、ニンマ派の師からです。ですからダライ・ラマ十三世の時代、ゲルク派の高僧が元々は超宗派的な方だったのですが、ニンマ派の排斥をおこなって、十三世から「あなたはラムリムの教えを説く資格はない」と叱責されたそうです（現十四世がおっしゃっていました）。しかしその後十三世が亡くなられたため、ニンマ派排斥の考えはゲルク派で一時主流となり（日本の学者の本でニンマ派を異端と書いてあるものが見られるのは、こういった事情と関係するのでしょう）、今も問題を残しています。

現ダライ・ラマの十四世も、幼少期はそのような教育を受けられたのですが、成長して自分で過去の著作を目にして事実とは異なることを教えられてきたことに気づき、現在はそのような考えが仏教に反していること、長い目で見て信奉者にとっても害があることを、はっきり説かれています。

魔除けの護符

†教えの兼修とカダム派

チベット仏教の宗派はこのようなものですから、お寺、あるいは個人で複数の宗派を兼修することも決してめずらしくありません。先ほど述べたシャンパ・カギュ派や、体を布施する観想をおこなって四魔を断ち切るチュウの修行で有名なシチェー派のように、教団としてはすでに存在せず、教えのみが他派で実践され伝えられているものもあります。

なかでも古代王国崩壊後の教えの混乱を正すためにチベットに招かれたアティシャの教えを伝えるカダム派の、仏陀のすべての教えを実践的教誡として体系的に理解、実践する（カ＝阿含・ダム＝教誡という名はそのことに由来）ラムリム（菩提道次第）とロジョン（心の訓練法）の教えは、四大宗派すべてにおいて、学習と実践の要となっています（本書第四章）。

カダム派は、教団としての形は失いましたが、その教えはチベット仏教の隅々にまで浸透し、基盤として生きつづけているのです。

†超宗派（リメー）運動

とはいえ、自分の宗派こそが最高、という思いにとらわれやすいのが人間というもので（実際、仏陀の教えを伝えているわけですから、その教えが無上のものであることには違いないのですが）、チベットの歴史でも宗派的な対立は何度も見られました。

それに対し、百数十年前、中国と接し政治的緊張の高まりつつある東チベットのカム地方でおこったのが、超宗派（リメー）運動です。それを主導したのは、サキャ派のジャムヤン・キェンツェ・ワンポ（一八二〇〜九二）、カギュ派のジャムグン・コントゥル・ロドゥ・タイエ（一八一三〜九九）、ニンマ派の埋蔵経発掘者（テルトン）チョギュル・リンパ（一八二九〜七〇）

で、彼らは教えを交換し合い、衰えている教えは探して自ら学び、失われた埋蔵経は再発掘し、後世に残しました。

亡命後もチベット仏教の教えが力強く生きつづけているのは彼らの努力によるところが大きく、現在のダライ・ラマ法王も彼らの教えと精神を受け継いでおられます。

これらの教えは、それぞれの特色はあるものの、仏陀の境地に至る実践として本質的な違いがあるわけではありません。チベット仏教では、高度なさとりを達成したしるしとして、医学的な死後も瞑想状態を保ちつづけるトゥクダムと呼ばれる現象がおこるといわれていますが、亡命社会においても四大宗派すべてに、それを達成した方が出現されています。どの教えを学ぶかはそれこそご縁によるもので、教えの素晴らしさに感動したからといって、よく知らない他派の教えを誹謗することは、仏陀に至る道を誹謗することになり、仏教にとってもその人にとってもよい結果を招くとは思えません。

第二章　仏教の要点

1　教えの言葉は「ヒント」である

†「心の宗教」としての仏教

チベットの師僧方は、「インドの様々な宗教の中で、厳しい不殺生を守るジャイナ教のような体の宗教や、祈りの言葉を唱えるヴェーダのような言葉の宗教に対して、仏教は心の宗教だ」とおっしゃいます。仏教にも体や言葉の要素もありますが、その実践の中心は心だというのです。これが仏教の特色でもあり、わかりにくさでもあります。

たとえば、密教の教えを受けて真言を唱えたり、ゾクチェンの教えを受けてその瞑想をすれば、密教やゾクチェンの修行ができると思っている方もいらっしゃるかもしれませんが、それにふさわしい心の状態を獲得できていなければ、密教やゾクチェンの修行にはなりませんし、場合によったら大乗仏教の修行や、仏教の修行にすらなっていないかもしれません（と、師僧方はおっしゃいます）。ですから、修行をする際にも、自分の心の状態をよく観察して、それに合った教えを実践しなければ、近道どころか大幅な回り道をすることになってしまいます。

このような教えの性格は、経典では薬に喩えられています。また、ダライ・ラマ法王はよく十階建てのビルを建てることに喩えられます。どんな高価な薬でも、自分の症状に合ったものを飲まなければ病気は治りませんし、十階建てのビルを建てたいからといって、一階や二階を省略して十階だけを建てることは不可能です。

†『読んでもわからない「般若心経」』?!

本屋さんに行けば仏教の本があふれており、多忙で時間のない昨今、知識のまったくない人でもわかる仏教とか一週間でわかる仏教とか、いろいろ便利そうな本がでています。でも、はっきり言って、わかりやすい本というのは、本来の仏教とは違う説明をしているので、わかりやすいのです。

仏教は仏陀の教えだから仏教なのですが、釈尊がさとりを開いて仏陀になった時の「梵天勧請（ぼんてんかんじょう）」という有名な話があります。釈尊は「私がさとった内容は他の人には理解できないし、喜ばれないので、教えを説くのはやめておこう」と考え、そこに梵天（ブラフマーというインドの神様）が現われて、どうか教えを説いてくださいとお願いし、教えが説かれることになったというのです。チベットの伝統では、教えのはじめに「チューキ・コルロ・コルドゥ・ソル」というお祈りを唱えることがありますが、これは「どうか法輪（ほうりん）を転じてください」、教えを説いてくださいというお願いで、それによって教えが説かれるのは、この故事に由来しています。

それも、誰彼かまわず教えてもわからないので、釈尊の教えは、一律のものではなく、相手の理解力にあわせた教え方（対機説法）になりました。ですから、もし本当に「知識のない人でもわかる仏教」とか「誰でも一週間でわかる仏教」といった本を書くことができるのなら、その人はお釈迦さまよりもはるかにすぐれた存在ということになってしまいます。

なぜ仏教はそんなにわかりにくいのでしょうか。『般若心経』（仏陀の智慧の心髄というタイトルのお経）には、「色即是空、空即是色」とありますが、わたしたちには「色」（かたち）は実体あるものとして映っていて、空なるものとしては映っていません。あるいは「法印」（仏教の教えの特色。これがついていれば仏教の教えだという、「仏教じるし」）のひとつは「一切皆苦」ですが、私たちはすべてが苦だとは思っていません。

ですから、私たちから見たらお釈迦さまのさとりはわけがわからず理解できないものですし、お釈迦さまからみたら、私たちは苦しみを離れようと思って、逆に苦しみを作りだしている、やりたいことと実際にやっていることが真っ逆さまの存在です。それを『般若心経』は「顛倒」と言っています。ですから、もし正しい内容の本を書こうと思ったら、『読んでもわからない「般若心経』』とか『読んでもわからない仏教』になるはずなのですが、それでは誰も買わないでしょう……。

仏教で、すでに正しい理解を得ている師の指導を受け、教えについて学び、考えてそれを理解したうえで、修行によって実際に体験し自分の心を変えていく、という、現代の時流に合わない学び方が必要なのは、このような教えの性格によります。

でもそれは、仏教の他の教えにはない魅力でもあります。そのようにして修行すれば、釈尊やロンチェンパやミラレパが見たものと同じものを自分も見ることができる、同じ体験をすることができるのです。

他の宗教や哲学を学んでも、世界を創造した神は信じるだけで、神と同じ体験はできませんし、プラトンやカントはこういうことを考えたのではと外から推測することはできても、同じ体験をすることはできません。

仏教は仏陀の教えであると同時に仏陀になる教えであり、同じものを見て「あぁ！　このことだ」とわかる、それがさとりです。実際に自分で見ているのだから、これほど確かなものはありません。

†学問的な仏教理解と、伝統的仏教理解の違い

私も、伝統的な方法で師から教えを受けるようになる前は、普通の学者のように、テキストを自分で読んで解釈するということをしていました。しかし、それではどこまでいっても、「私」の解釈であって、本当の仏教には到達しないのでは、という思いがあって（本書「補」）、

たまたま、ある雑誌に当時は新橋にあったチベット文化研究所の講座（前行講座）の情報があるのを見つけ、思い切って研究所の門をたたくことにしました。

私がどれほど仏教を理解できたかというと、正直、疑問ですが、なぜ私が学問的なやり方では本当の仏教に到達できないと感じていたのか、その理由については、わかるようになりました。

学問的なアプローチと、伝統的な理解では、言葉の捉え方がまったく異なるのです。

学問的には、あるテキストを読み、たとえばその空についての説明を理解して、それをその著者、あるいはそのテキストの空の思想と考えます。別なテキストには、別の空の説明があり、それは別の思想家、別のテキストの、別の空の思想です。

しかし、伝統的な仏教理解においては、そのような理解の仕方から離れる、そのような理解の間違いがわかることが、空を理解する、ということなのです。

†釈尊のさとりと言葉

先ほどの梵天勧請のエピソードで、釈尊が教えを説くのはやめておこうと考えられた時のお言葉があります。

甚深、寂静、戯論を離れ、光明、無為なる法を私は得た。誰に説いても理解されないので、教えを説かず、林下に留まろう。

これは、チベットの伝統で重視されている釈尊の伝記『ラリタヴィスタラ』（漢訳『普曜経』）に記されているものです。

それに対して梵天が「どうか人々のために教えを説いてください」とお願いしたので、考えを改められ、教えが説かれるようになったというのですが、教えが説かれても、釈尊のさとりが他に理解できず、喜ばれないものであるということ自体には変わりがありません。

ですから、教えの言葉は、言葉で表わすことのできないさとりの境地を指す手がかり、ヒントのようなものになりました。仏教の教えに喩えを用いたものが多いのは、おそらくそのことと関わるのでしょう。

釈尊のさとりと言葉の関係がそのようなものである以上、その後の高僧——ナーガールジュナ（龍樹）やアサンガ（無着）、弘法大師空海や道元禅師や親鸞聖人、ロンチェンパやツォンカパが、それを読めば理解できるものとして教えを説く、ということは原理的にありえません。

ですから、今の学問的な仏教の捉え方は、クイズのヒントの言葉それ自体を答えとみなすようなものなのです。

「赤い」「おいしい」「黄色い」「青森」……とヒントを聞いていって、私たちは答えの「リンゴ」に到達します。しかし学問的な捉え方では、「赤い」「おいしい」……はそれぞれ別のことを表わした、別の思想です。

実際に、リンゴを見れば、「赤い」も「おいしい」も「黄色い」も間違いでないことがわかるのですが、そのような意見が学問の世界では受け入れられません。「赤い」のであれば、「黄色い」ということはない、赤と黄色は別々の色で、それを同じだというのは論理性を欠いた、盲信にすぎない、というのが、学問的な仏教理解です。

あるいは、赤と黄色という別々の色を同じものと捉える神秘的な理解こそが仏教である、と主張する人もいます。

しかし、どちらも、リンゴを見ていない人の意見であることにはかわりがありません。

さらに話がややこしいのは、このような「理解」を伝統のなかにも見出すことができる、ということです。

伝統的には、仏教における言葉の性質は、「月を指す指」にたとえられます。輪廻の中にいる私たちは、窓のない部屋のなかにいるようなものです。その中から、ある人が部屋の外に出て、月を見て帰ってきて、「月はバニラアイスのようなものだった」と説明します。次に別の人が外に出て月を見て戻り、「ウサギが餅つきをしている」と説明します。聞いた私たちは、どう考えても「バニラアイス」と「ウサギが餅つき」は一致しないので、混乱し、「バニラアイス」派と「ウサギが餅つき」派に分かれ、対立したりもします。「バニラアイス」派のなかで、「ウサギが餅つき、なんて言う奴は、月のことを何一つわかってない、馬鹿じゃないか？」と言えば喜ばれ、「あの人は月のことをよくわかっている」と一目置かれ、尊敬されたりもします。「ウサギが餅つき」派のなかでは反対です。

たまに、「バニラアイス」も「ウサギが餅つき」も、どちらも間違いではない、という人が出たとしても、どちらにも媚を売る裏切り者と見なされ、信用されません。

尊敬されるのは、「バニラアイス」一筋、「餅つき」一筋、の人たちです。

さとりの境地は、釈尊が誰もわからない、と思われたくらいですから、伝統の中でも、理解できた人は少数派で、多数決をとったとしたら勝利するのは、自分は理解できたと思っていて、しかし実際には理解していない人たちです。

ですから学問的な理解の仕方について、これが伝統的理解と反しているということはない、誰々も誰々も、そのように説いている、そういう「実例」を見出すことはむつかしくないのです。

†末法の世の到来

そもそも、ヒントの言葉から答えに辿り着くより、ヒントの言葉そのものが答えだとしてしまった方が、努力しないですみますから、答えに辿り着く人は年々減っていき、いつか、それがヒントの言葉で、そこから正解の月に辿り着かなければならないことも、忘れ去られる日が来ます。

それが末法(まっぽう)の世の到来です。それは、いつか、かならず来ます。釈尊のさとりと言葉の関係上、そのことは避けることができません。私たちにできるのは、それをできる限り遅らせることです。

†聞・思・修――伝統的理解の方法

伝統的には、仏教の理解には聞(もん)・思(し)・修(しゅう)が必要とされてきました。

教えの言葉はヒントなので、自分自身でそれを考え、正解に辿り着く必要があります。お釈迦さまが正解を言うことができないのですから、ダライ・ラマだろうと誰だろうと、正解を教えてくれることはありません。正解には自分で辿り着くしかありません。

師も、教えの言葉がヒントであることを知っていて、すでに正解に辿り着いている人でなければなりません。師が教えの言葉を正解だと思い込んでいたら、弟子にはそれを信じることを求め、そこから正解に辿り着くよう促すことはないでしょう。

†師の重要さ

仏教において、師の役割はきわめて重要です。師に出会ったならば、道は半ばまで来たといっていいか、と尋ねるアーナンダ（阿難）に対し、釈尊は、師に出会ったならば、道は達成されたのだ、とお答えになりました。ナーガールジュナ（龍樹）はこの言葉を南インド王に宛てた『友への手紙（勧誡王頌〔かんかいおうじゅ〕）』で引用しています。

チベットの伝統では、「ラマ・ケンノ」（ラマよ、私のことをお見守りください）という祈りや、ラマの長寿祈願文、師の智慧と一体化するグル・ヨーガの修行法などがあることが示すように、師の役割が極めて大きく、「ラマ教」と呼ばれたりもしました。それはこのような師の性格によります。

教えの言葉が存在していても、それが答えではなくヒントであることを知っていて、それをヒントに答えに導こう、という師の存在がなければ、仏教は学びようがありません。

2　心の本質と利他

†前行と本行、どちらが重要か

チベットの伝統には、奥義とされるゾクチェンやマハームドラーと呼ばれる教えがあり、五十万回（系譜や指導法により異なる）の前行と呼ばれる段階と、本行と呼ばれる段階に分かれています。

前行ははやく済ませて、本行に入りたい、と思うのが人情ですが、実はそこには落とし穴があります。

前行の教えには、「人身の得がたさ」を理解することからはじまる出離の心を起こすための四つの教え、帰依と発菩提心、金剛薩埵の浄化法、マンダラ供養、師の智慧と一体になるグル・ヨーガの修行が含まれていますが、そこには仏陀の境地に至るために必要な教えがすべて含まれています。

帰依と菩提心、罪を懺悔し浄化すること、功徳を積むこと、智慧を得ること以外に、仏教にするべきことはありません。実態からすれば、前行の教えは、「お徳用修行パック」というべきものなのです。

チベット語でも前行はグンド（直訳すると「前・行く」）ですが、もしかしたら、その重要性に自分で気づくために、わざとやる気がでない前行という名前をつけたのでは、と思うことすらあります。

では、前行と本行を分けるのは何でしょう？　ゾクチェンやマハームドラーは、「心の本質」の実践ですが、「心の本質」をわかっていない段階が前行で、「心の本質」をわかって実践するのが本行です。

もしかしたら、前行をはじめようとする人の中には、「自分は素質があって、五十万回の前行を終えなくても、導きを受ければ「心の本質」を理解できるのではないか。そんな自分が前行をするのは、時間の無駄になってしまう」と心配する方がいらっしゃるかもしれません。

でも、心配はいりません。（これはネタバラシになってしまうかもしれませんが）すべての前行の教えがそうなっているかどうかはわかりませんが、有名なある体系の前行についていうと、もし修行者が「心の本質」をさとれば、修行法も唱えるお経の意味も、すべて本行の実践になるように作られています。ですから、回り道を経ることなく、「心の本質」をさとった段階で、ただちに本行にはいることができます。

逆に、「心の本質」をまだ理解していない段階で本行の教えを受けたとしても、意味を正しく理解することは不可能ですし、実践することもできません。

なぜなら、「心の本質」は言葉で説明することのできないもので、それをまださとっていない人がゾクチェンやマハームドラーの教えを聞いて、「心の本質」はきっとこういうものだろうと想像しても、その「心の本質」のイメージは言葉で作られたものですから、それが言葉を超えた本当の「心の本質」に一致することは原理的にありえません。

本行特有の実践もありますが、それはすでに理解している「心の本質」にいかにとどまるか、という修行法なので、まだ「心の本質」を知らない人がとどまり方を習って実践したとしても、時間の無駄にしかならないのです。

日本のチベット関係者のあいだでもゾクチェンは人気が高く、前行に対する本行の卓越性を強調される方もいますが、私は正直、疑問をもっています。

私が受けた教えのなかで、ある高僧（トゥルシク・リンポチェ）は、「ゾクチェンの前行と本行で、重要なのは前行の方である」とはっきりおっしゃっていました（本書第七章3）。その方は、もう亡くなられていて、今は生まれ変わりの少年が発見されていますが、ダライ・ラマ法王のゾクチェンの先生だった方です。いくら日本の「ゾクチェン通」の方が詳しいとしても、ダライ・ラマ法王のゾクチェンの先生ほどでは、と思いますし、信じる・信じないはもちろん自由ですが、私はその方の教えに一切疑いを持っていません。

「心の本質」(仏性)は一切衆生にそなわっていますが、それは言葉で作られた概念(仏教語の「分別」)の汚れに厚く覆われています。智慧を得る、とか功徳を積む、さとりを開く、という言い方をしますが、実際にはその分厚い層を削っていくのが仏教の勉強と修行で、それを最短距離でおこなうのが、前行の学習と実践なのです。

†自利と利他

チベットの教えは、大乗仏教の流れに属していて、ことあるごとに利他が強調されます。教えを聞く時には、かならず師僧が「菩提心をおこし、利他の動機で聞いてください」とおっしゃいますし、どんなささいな善行をおこなった時も、必ず一切衆生のために廻向するように、と教えられます。利他こそがチベットの伝統でもっとも重要なことであるかのようです。

でも、そこにも実は落とし穴があります。前行の教えは、利他からスタートしてはいません。一番最初の教えは「人身の得がたさ」、自分が今、人間として生まれて教えを受けていることが、いかに得がたい幸運であるかを理解すること、です。

自分の大切さ、かけがえのなさを理解することと、利他の教えは、一見、矛盾しているように見えるかもしれません。

しかし、他の衆生を輪廻の苦しみから救うためには、自分自身が輪廻の苦しみから抜け出す方法を知っていなければなりません。そもそも、自分が輪廻を苦と理解していなくては、「一切衆生を輪廻の苦しみから救う」というのは、単なる言葉だけのものになってしまいます。

無知（仏教用語の「無明（むみょう）」）こそが苦しみの真の原因で、一番よく知っているはずの自分自身について、その価値やかけがえのなさを知らないことが、一番大きな、気づきやすい無知です。まずそれを取り除くことからはじめなければ、自分が苦しみから解放されることも、他を苦しみから解放することもできません。

仏教の実践は「道」であり、順番を間違えてしまうと、目的地にたどりつくどころか、かえって迷路の中を延々とさまようことになってしまいます。そのため、前行のような階梯的な教えを、信頼する師の指導のもとで学ぶことが大切なのです。

†仏教の布教は可能か？——心の本質をさとることと利他

仏教の教えを広めようと、多くの方が熱心に活動されています。私自身、そういう方々の恩恵を蒙っていますが、熱心に教えを広めようとされている方の中には、この人は仏教を広めたいのだろうか、仏教についての自分の考えを広めたいのだろうか、と疑問を感じる方もないわけではありません。

無我の教えを広めたい人と、無我の教えを学びたい人は、まったくタイプが別、と感じることすらあります。

西洋の哲学において、「カントの哲学」について語ることは、実際には「カントの哲学についての自分の解釈」を語ることです。そこに問題はありません。しかし、仏教、無我の教えはそれとはまったく性格が違います。「無我についての私の解釈」は「無我」とはまったくの別物です。

大乗の伝統で、智慧と慈悲が鳥の両翼、車の両輪にたとえられてきたのは、そのためです。智慧を欠いた慈悲は、「溺れている人が他の溺れている人を救おうとするようなもの」「目が不自由な人が他の不自由な人の道案内をしようとするようなもの」といわれます。

伝統的に、仏教を説くことのできる資格について厳しくいわれてきたのは、このような理由があるからです。

たとえ自分では、「仏教を広めよう」という意欲にあふれていたとしても、それが「私の仏教の解釈」であれば、自分の考えを他人に押し付けているだけで、自分自身も、導こうとしている相手も、真の理解に到達することはできません。それどころか、知らず知らずのうちに自分の「我」を増長させ、「自分がすぐれた救済者で、劣った衆生どもを救ってやるのだ」というきわめて危険な方向に進んでしまう可能性すらあります。

薬は、用い方を誤れば、毒にもなります。

チベットの伝統でいう「心の本質」、仏性ともいいますが、それは言葉で説明することはできず、それが一切衆生にそなわっていることが完全にわかるのは仏陀になった時だ、といいます（如来蔵）。では、そうであるなら、なぜ、そのような教えを説く意味があるのか、チベットの僧院教育で重視されてきた『宝性論』は、その理由のひとつとして、菩提心をおこした者が、衆生を劣った者として見ることを防ぐため、ということを挙げています（本書第三章3）。「心の本質」をさとることは無我を理解することと同義ですから、「私の心の本質」をさとるわけではなく、「心の本質」がわかれば、一切衆生に「心の本質」が備わっていることが、程度の差はあれ、見えるようになってきます。

一切衆生に「心の本質」がそなわっていることが見えて、はじめてその取り出し方がわかるようになる、それが仏教における真の利他、菩薩の実践です。

第三章

伝統仏教学のすすめ

1 伝統仏教学のすすめ

†伝統仏教学と近代仏教学

チベットでも、中国や日本でも、僧侶はお寺のなかで長い時間をかけて仏教を学んでいました。しかしそれと現在の日本での説明はまったく異なります。現在の説明は、明治時代に諸学問を西洋から取り入れた際に、当時のヨーロッパの仏教研究を取り入れることから出発したものです。当時は今のように人々の行き来が容易でなかったため、アジアの国々に調査に行って経典を蒐集しそれを持って帰って翻訳・研究するという文献研究が中心で、そのためそこに何が書いてあるかは理解できても、その前提となっている仏教の発想法や彼らの宗教との違いは十分理解されていませんでした。

日本では、諸宗派は近代的な大学をつくって僧侶の卵はそこで学ぶようになり、伝統仏教学は衰えてしまいました。今では学問的な研究だけでなく、宗派やお坊さんの説明も、多くの場合、伝統的なものではなく、近代仏教学に基づくものになってしまっています（たとえば『無量寿経』に基づく宗派の機関紙に、『無量寿経』は〇世紀頃に〇〇地域で成立した、なんていうことが書いてあったりします。『無量寿経』にしるされている阿弥陀仏の誓願が創作物だとしたら、その誓願にもとづくその宗派の信仰自体が成り立たなくなってしまうはずですが……）。

†釈尊の教えの特色

インドにはカースト制度が存在し、祭祀は司祭者カーストであるバラモンが担うとされ、その考えは今も根強く存在します。ところが古代において産業の勃興などによって富の蓄積や流通がおこって王族や商人が台頭すると、それに呼応して新しい教えが次々おこりました。仏教はそのような非・バラモン的な教えのひとつです。

経典によれば、そのようにして生まれた新しい宗教の担い手たちは、互いに「私たちが正しい、お前は間違っている」と論争を繰り返していました。それに対して釈尊は、弟子に論争に加わることを禁じ、論争を挑んできた者に対しても、自分は主張を持たず、お前が論破しようとしても、論破するものをもっていないと答えていました（中村元編『原典訳　原始仏典』上、ちくま学芸文庫、を参照）。世界には始まりがあるか・終わりがあるかなど、十ないし十四の問いが、釈尊が答えなかった問いとして、経典に挙げられています（十〔四〕無記）。

主張がない、というのはどういうことでしょう？　逆にいえば、主張のどこが問題なのでしょうか？　釈尊は、このようなわかりにくいことについては、喩えを使って巧みに説明するのが常でした。この問題についての喩えは、「群盲象を撫でる」というものです。

象の鼻を触って、長くてまるで長柄のようだ、頭を触って、堅くて甕のようだ、足を触って、太くて柱のようなものだと感じることは、間違いではありません。しかしその自分の感覚に基づいて、象は長柄のようなものだ、甕のようなものだ、柱のようなものだと主張したら、それはまったく見当違いなものになってしまいます。釈尊は、世界に始まりがある・始まりがないといった議論は、自分の宗教的体験や思索の結果を根拠に「世界は○○である」と主張するものなので、それと同じ問題があると説いているのです。

†部派の教えと中観

伝統的な説明では、釈尊は一律ではなく相手に合わせて異なる教えを説いたとされ（対機説法）、涅槃後に教えを聞いた弟子が集まって編纂したとされるのが、阿含経典です。また、それとは別に大乗経典も世に現われ、真偽について古代インドでも論争がありました。そのなかで今述べた主張をもたないことに釈尊の教えの核心をみて、大乗経典を含む様々な教えを苦しみからの解放の方法として体系化したのが、ナーガールジュナ（龍樹）で、日本仏教では「八宗の祖」として仰がれていました。

ナーガールジュナは『中論』で、それまでの仏教理解（様々な部派に分かれて論争していたので、部派仏教と呼ばれる）について、それを前提とすると主張する相手が認めない結論に帰結することを示すことによって、その問題点を指摘しています（帰謬論法）。

釈尊は無我、無常を説きましたが、その一方でどんな些細な業でも、いったん積めば果を結ぶまで、何劫経っても失われることはないとも説いていました。部派は何らかの実体を認めなければ、後者の説明ができないと考え、様々な理論を考え出していたのです（『中論』十七章の対論者の説を参照）。

ナーガールジュナはそれでは仏教の（つまり部派も認めない）実在論に陥るか、さもなくば虚無論に陥ってしまうことを示しました。しかしそれは部派の解釈が間違いで、空が正しい教えだということではありません。「群盲象を撫でる」の喩えでいえば、象の鼻を触れば長柄のようだが、象は長柄のようなものではないし、象の頭を触れば甕のようだけれど、象は甕のようなものではないということであって、もし空こそが正しいと主張すれば、それもひとつの主張になってしまいます。

ナーガールジュナ

実際、部派の考えをまとめた『倶舎論』は、『中論』より何世紀もあとに編纂され、中国や日本、ナーガールジュナの『中論』の教えに基づく中観を最高の見解とするチベットにおいても、僧院教育において必須科目とされてきました。

部派の教えの発想が経典の様々な教えを整合的に理解することにあるのに対して、中観は苦しみをいかに断ち切るかということに焦点をあてていますが、誰もが今、苦しみを断ち切る段階にあるわけではなく、そこまで至っていない者にとって、教えを理論的に理解することはそれなりに役に立つからです。

ですから、僧院教育においては、倶舎・唯識・中観・如来蔵のどれか一つではなく、それぞれの教えを学び、その相互関係を正しく理解することが目指されていました。それが伝統的な仏教の学び方です。

†その人に役立つ教え

劣等感に苛まれる人にとって、利他の教えは自分の価値を否定するもので、劣等感をさらに募らせることになりかねません。家族や財産を失い、喪失感に苦しむ人にとって、すべては空であるという教えは、必ずしもなぐさめにならないかもしれません。その人その人によって役に立つ教えは異なり、だからこそ釈尊は一律の教えを説かずに相手に合わせた教え方をされたのであり、仏教を他のために役立てたいと願うなら、教えの相互関係を正しく理解することが欠かせません。

日本では、東日本大震災をきっかけに、仏教を他のために役立てたいと心から願う僧侶の方々の活動に光があてられました。その思いは尊いですが、教えを真に役に立つものにするためには、衰えてしまった伝統仏教学を復興させ、医師が医学部で学ぶように、どのような人にどの教えが役に立つのかを学び、理解しておくことが重要です。

2 ナーガールジュナ(龍樹)の仏教理解

ナーガールジュナは日本仏教でも「八宗の祖」とされ有名ですが、その教えは難解とされています。

釈尊の教えは一律のものではなく、相手に合わせた対機説法で、それを記したとされているのが膨大な仏教経典です。ナーガールジュナはそれらの教えを体系づけ、理解、実践する道を示しました。その仏教理解は中国・日本仏教、チベット仏教共通の基盤となっています。ナーガールジュナの教えを理解することは、チベットの仏教を実践する上でも役立ちます。

釈尊の教えの核心

『中論』の漢訳者である鳩摩羅什訳の『龍樹菩薩伝』は、ナーガールジュナが九十日で三蔵（経・律・論）のすべてを読んで慢心をおこし、それをあわれんだ大龍菩薩が龍宮に連れて行ってそこに蔵されていた大乗経典を授けたことを記しています。ナーガールジュナが阿含経典の内容に精通していたのは、その著作からも窺うことができますが、ナーガールジュナが釈尊の教えの核心として捉えたのは、仏陀は自分の主張を持たないということでした（『六十頌如理論』。『スッタ・ニパータ（経集）』などに説かれている）。

これは「何でも有り」ということではありません。私たちの苦しみの真の原因は、感覚器官が捉えた対象を実体視することにあり、実体視から解放されれば、煩悩は生じません。主張がないという境地は、釈尊の譬えを用いるならば、病気が治って薬がいらなくなった状態、向こう岸にわたって筏が不要になった状態のことなのです。

しかし、それは実体視に捉われている今の私たちには容易に理解できません。ナーガールジュナは、釈尊がブッダガヤでさとりを開いた時に教えを説くのをためらったのはそのためだと説いています（『宝行王正論』）。そのため、釈尊の教えは相手に合わせた対機説法になりました。その教えの多くは、実体視に捉われている者に合わせて説かれ、それまでの仏教理解

（部派仏教）はそれを釈尊自身の考えと捉えているため、それでは苦しみからの解放を果たすことができない、とナーガールジュナは説いています（『六十頌如理論』）。

現代の日本の学者には、ナーガールジュナや中観は輪廻を否定していると説かれる方が少なくありません。「生存（輪廻）と涅槃とのこの両者は存在しない。よく認識するならば、生存こそが涅槃である、と説かれている」（『六十頌如理論』）などとあるからですが、これは薬や筏がいらなくなった境地のことで、まだ実体視に捉われている私たちには輪廻の世界は実体として現われてきます（『中論』二十六章などの十二支縁起の解説）。

仏教用語でいえば、部派仏教の理解は有の辺（実体論）、現代の学者の理解は無の辺（虚無論）に捉われたもので、仏陀の境地は有と無の二辺を離れたものだというのが、ナーガールジュナの仏教理解です。

†二諦――世俗諦と勝義諦

ナーガールジュナは『中論』二十四章で、二諦（二つの真理）について次のように説いています。

二つの真理（二諦）にもとづいて、もろもろの仏陀の法（教え）の説示〔がなされている〕。

世間の理解としての真理（世俗諦）と、また最高の意義としての真理（勝義諦）とである。およそ、これら二つの真理（二諦）の区別を知らない人々は、何びとも、仏陀の教えにおける深遠な真実義を、知ることがない。言語慣習に依拠しなくては、最高の意義は、説き示されない。最高の意義に到達しなくては、涅槃は、証得されない。誤って見られた空であること（空性）は、智慧の鈍いものを破滅させる。あたかも、誤って捕えられた蛇、あるいはまた、誤ってなされる呪術のように。それゆえ、鈍い者たちには、法（教え）が体得され難いことを慮って、法（教え）を説示しようとする、牟尼の心は、押しとどめられた。（三枝充悳『中論』第三文明社レグルス文庫）

仏教について知識豊富な人は、究極の真理（勝義諦）とは空性のことだ、と思っているかもしれませんが、実際には「空性」という言葉や空性についての説明は勝義諦ではなく、真の勝義諦とは、言葉を超えた、苦しみからの解放の境地のことです。ナーガールジュナは、苦しみからの解放の境地は言葉を超えたものだが、それをまだ知らない人には言葉を使って説明するしかないが、それを聞いた相手はその言葉を理解することが究極の真理だと誤解する危険性があり、それが釈尊がブッダガヤでさとりを開いた際に教えを説くのをためらった（梵天勧請）理由だ、と言っているのです。

素朴に考えるなら、ひとつしかないから真理なのであって、真理に二種類があるというのは変な話ですが、これは仏教が瞑想中と瞑想していない時と、二つの心の状態を行ったり来たりしながら修行する教えであることと関連しています。

瞑想中に体験することができる、言葉を超えた境地が勝義諦で、瞑想していない時の、言語を用いて対象を捉える意識状態において理解し実践するのが世俗諦です。

ですから、教えの言葉はクイズ番組のヒントのようなもので、出題者が答えを知っていなければ、ヒントを出しようがありませんし、回答者はそのヒントを手がかりに、正解にたどりつく必要があります。だから、伝統的には師が必要で、その教えについて自分自身が考える必要がある、仏教の理解には聞・思・修が必要だとされるのです。

†近代仏教学と『中論』

大乗仏教を確立した存在とされているナーガールジュナですが、『中論』には直接菩提心や利他の心については何も説かれていません。ナーガールジュナが南インドの王のために説いたとされる『宝行王正論』では仏陀のさとりの境地（菩提）について「その（菩提の）根本は、山の王のように堅固である菩提心と、十方にあまねくゆきわたる慈悲と、「二（辺）に依ることのない」智慧とであります」（二章75偈）とあります（瓜生津隆真訳、『龍樹論集』中公文庫）。

チベットの僧院教育で中観学の教科書とされている『入中論』の著者であるインドのチャンドラキールティは、『中論』執筆の意図について、ナーガールジュナが菩提心をおこして言葉を超えた境地を体験して無二の智慧を得て、慈悲の心でまだ体験していない人を導こうとしたのが『中論』だと説いています（奥住毅『中論註釈書の研究』山喜房佛書林）。

もし、ナーガールジュナに菩提心がなかったら、自分が言葉を超えた境地に到達したことで満足し、『中論』を書こうとはしなかったでしょう。ナーガールジュナが『中論』を書いたこと、それ自体が大乗の教えであることの何よりの証拠なのです。

相手が釈尊の言葉を、いわば釈尊の思想として理解しようとしているのに対して、そうではない、それは言葉を超えた境地を指し示しているのであって、それを概念的に理解しようとしては駄目なのだと言っているのが『中論』であって、それ自体が近代的な仏教学とは別の手段・目的の教えですから、『中論』を近代的な学問の方法によって理解しようとするのは、原理的に無理があるのです。

†大乗経典は仏説か

現代の日本においては、大乗経典は釈尊よりもはるか後の時代に成立したもので、釈尊自身の教えとは異なるというのが「常識」になっています。ナーガールジュナの時代にも、大乗経典が仏説であるか否かについて議論があり、ナーガールジュナは大乗経典が仏説であることを『宝行王正論』で論じています。それは、いかにして仏陀となるかという問題と関わっています。ナーガールジュナは、智慧を積むことが仏陀の法身（言葉を越えたさとりそのもの）、一切衆生に対する福徳を積むことが仏陀の色身（利他をなす形ある姿。三十二相八十種好をそなえる）の因となると説いています。仏陀は無上正等覚者、この上ないさとりを得た存在であり、その因は有限なものではありえません（もし有限なものであれば、釈尊以上にそれを積めば、仏陀を超えた存在になることができてしまいます）。具体的には、概念的な知識ではなく、有無を離れた境地（＝空）を理解する智慧と、一切衆生のために菩提心をおこして福徳を積み、それを廻向することが、仏陀となるための実践です。

釈尊の教えは対機説法ですから、仏陀自身の境地が説かれることは稀です。阿含経典ではその境地やそれに至る実践は断片的にしか説かれていません。それをはっきり説くことができるのは、仏陀その人以外にいないでしょう。ですからそれが主題的に説かれている大乗経典は仏説と考えなければならない、というのがナーガールジュナの結論です（仏典結集の時にこの世に大乗経典が存在しなかったのは事実で、チベットの伝統では、それらは高度な内容であるため、文殊菩薩や弥勒菩薩のような菩薩によって受持され、後に人間の世界に伝えられたと説明しています）。

†チベットの実践との関連

しかしこのような境地を理解したり実践したりすることは容易ではありません。空を直接体験（現観）できた者は、仏教では聖者です。大乗の実践は釈尊の前世物語（ジャータカ）をモデルにしたもので、基本的に聖者の実践です（ナーガールジュナの著書に対する註釈を著したチャンドラキールティは『入中論』で、十波羅蜜を菩薩の十地と関連づけて説明しています）。チベットの伝統で、大乗の実践を凡夫がいかになしうるか、という極めて困難な問題の手がかりとして重視されたのが、インドのシャーンティデーヴァの『入菩提行論』でした（本書第五章4）。

シャーンティデーヴァはまず菩提心をおこすことの利益を説き、それに菩薩の誓い（菩薩戒）を立てる儀軌が続きます。菩提心をおこした後はそれをいかに減退させず、増大させていくかについての心の訓練が説かれています。その一連の内容の最後に説かれるのが自他の交換（八章）で、九章ではそれまでの章が智慧のために説かれたことが示され、空性を理解する智慧が論じられています。十章は廻向の章です。

ナーガールジュナは仏陀の境地に至る実践を福徳と智慧を積むことに要約しましたが、『入菩薩行論』の八章までが福徳、九章が智慧を積むことに対応しています。福徳を積むことと智慧を積むことは、お互いに相手を助ける関係にあり、利他をなしていけば我執は弱まり、我執が弱まれば利他の実践が容易になります。十章で描かれているのは、その二つをそなえた、真の菩薩の実践の世界です（凡夫の段階ではそうありたいという祈願になります）。

この智慧と福徳を積むことのエッセンスが、チベットにラムリム（菩提道次第）を伝えたアティシャが、一人の弟子だけに秘伝として伝えたという、ロジョン（心の訓練法）です（本書第四章3）。元々口伝で伝えられたため、様々な伝統、方法がありますが、その核となっているのは、無我の瞑想と、呼吸を用いた自己の幸せと他者の苦しみを交換する瞑想（トンーレン）です。

チベットで盛んな密教の実践も、実は、この智慧と福徳を積むことを、交互ではなく同時におこなうものにほかなりません（ツォンカパ『真言道次第』）。空の境地で本尊や曼荼羅を観想し、十方の仏陀に光を送ったり衆生に光を送って衆生が仏陀に変じたと観想することで、智慧と福徳を同時に積むのです。ですから、以上のことを理解することなく、単に自分を仏の姿でイメージしたり真言をたくさん唱えるだけでは、本当の密教の修行にはなりません。

チベット仏教の修行では、終わりに「ソナム・イェシェー・ツォク・ゾク・シン……」という祈りを唱えることがあります。これは福徳と智慧を積むことによって仏陀の二身を得ることができますようにという、ナーガールジュナ『六十頌如理論』の廻向文です。このことはチベット仏教の実践が、これまでお話ししてきたナーガールジュナの仏教理解に基づき、仏陀の色身と法身を獲得することを目指すものであることをはっきり示しています。

3　如来蔵の教え

†仏性についての誤解

如来蔵は『如来蔵経』『不増不減経』『勝鬘経』『涅槃経』などに説かれている教えで、仏陀の目からみると一切衆生に仏性が備わっていると説くものです。少し前に、日本では一部の学者が「如来蔵思想は仏教にあらず」ということを唱えて論議を呼びましたが、これは伝統仏教学とは異なる発想によるものです。

たしかに無我、一切皆空の教えと一切衆生に仏性が備わっているという教えは矛盾しているようにもみえますが、如来蔵思想の代表的論書『宝性論』（チベットの伝統では弥勒の教えとされている。高崎直道訳『宝性論』講談社）では、なぜすべては実体ではないことを説いた釈尊が仏性を説いたのかが問題にされ、その理由として、自分が仏陀になることなど到底不可能だと考える衆生をはげますため、自分が菩提心を発したとしても、他の衆生を自分によってすくわれる劣った存在とみなしてしまい、自他の平等が理解できず、真の慈悲の心が生じないためといったことが挙げられています（一章58・59偈）。

注目すべきなのは、最初の理由だけが自分の内に仏性があると考えるもので、残りの理由は他のすべての衆生に仏性があると考えるものであるということです。

伝統的な仏教理解においても仏性の理解はむつかしく、中国に渡った道元も、当時の中国の禅宗で仏性が備わっているのだから修行などは必要でなく、死に際して分別の心が滅して仏性が顕わになって成仏するという考えがあることを批判し、「先尼外道（せんにげどう）の見」であると批判しています。

菩提心の実践において重要なのは、他の衆生の内に仏性を見ることだ、という『宝性論』のこの教えは、如来蔵の教えへの誤解を正すうえで重要です。

†仏性と修行の必要性

仏性は一切衆生に備わっているが、それを覆っている垢を取り除かなければ役に立たないということが、『如来蔵経』で蜂の巣のなかの蜂蜜、汚物ために落とした黄金など、九つの喩えで説明されていて、『宝性論』はそれを修行のそれぞれの段階における仏性のあり方として説明づけています（一章27〜57偈、二章3偈）。

他の考えでは仏陀になるために修行する必要があるとされるが、如来蔵思想においては一切衆生に仏性が備わっているため修行する必要はない、というのはまったくの誤解で、仏性が働くためにはそれを覆っている垢を取り除く必要があり、しかもそれは仏陀になるための修行とまったく同じものです。それはちょうど、登山を、頂上目指して登ると説明するか、頂上に近づくと説明するかの違いのようなもので、中観と如来蔵は、説明する視点が違うだけで、実践としてはまったく同じことを説いているのです。

一闡提（イッチャンティカ。輪廻の欲望にとらわれ、仏教の教えに怒りをなすもの）にとって、仏性を覆っているものは法に対する嫌悪で、それを取り除くのは「信」です。恒常の我を考える外道（異教徒）にとって、仏性を覆っているのは我見で、それを除くのは空を理解する「智慧」です。菩薩行をおこなったら輪廻の苦しみから離れることはできないと恐れる小乗の徒（声聞）の、輪廻の苦の恐れを除くのは「三昧」（実際には仏陀や菩薩は利他をなすために輪廻の苦しみを味わいつづけるのではなく、瞑想の境地に留まり、そこから無数の化身を生じさせて利他をなす）です。仏陀の現れない時代に十二支縁起を思惟してさとりの境地に至る独覚（さとりを開いても仏陀のように教えを説くことはない）の、覆いとなっている他の衆生を考慮しないことを除くのは「悲心」です。

『宝性論』は以上の四つをそれぞれ、如来蔵＝仏陀の胎児を育てる種子（＝信解）・母（＝智慧）・胎（＝三昧）・乳母（＝悲心）だと述べています（一章6偈の解説の偈）。

通常の仏陀の境地を目指す実践においては、まず法に対する信解が前提としてあって、菩提心をおこして止観（一点に集中した三昧の境地で空性を理解する）をおこなうので（アティシャ『菩提道灯論』、本書第四章2）、それと比べてみると、仏陀の境地に至るためになすべき修行と仏性の垢を取り除くためになすべき修行はまったく同じものであり、仏陀を目指すのか仏性の垢を除くのかという、説明の視点の違いにすぎないことがわかります。

このように、ナーガールジュナが理論化し体系化した道と、如来蔵の教えは、別のことを指しているのではありません。このことは『宝性論』においても意識されており、『中論』という書名こそ挙げていないものの、（『涅槃経』で説かれている）常・楽・我・浄は、常と無常、楽と苦、我と無我、浄と不浄の二項対立を超えたものであるという説明（一章7偈とその解説の偈）は、一般に仏教では常・楽・我・浄を顚倒と呼ぶが、一方が成り立たなければそれの否定項も成り立たないから、常・楽・我・浄が顚倒ならば、無常・苦・無我・不浄も顚倒なのだ（だからこそ、空の教えは実体視をなすものへの対治であって、空を主張しているわけではない、ということが言いうる）という『中論』の議論を踏まえたものです。

†大乗仏教の理論の完成——離繫果としての仏陀の境地

大乗仏教の理論を完成させるためには、仏性の教えが説かれなければならない積極的な理由があります。

ナーガールジュナは部派の涅槃理解（十二支縁起解釈に基づくもので、「無明」を滅すると、新たに業が積まれることがなくなり〔この段階が有余涅槃〕、「取」がないために死に際して次の五蘊を私・私のものと捉えることなく、それ以上輪廻せずに消滅してしまう〔この段階が無余涅槃〕）について、（それでは真の苦しみからの解放は無余涅槃ということになるが、その段階では仏陀自身も消滅してしまっているので）誰も苦しみの消滅を言うことができないと批判し、輪廻と涅槃は別ではなく、実体視していたのを空であると理解した境地が涅槃にほかならないと説いていました（『六十頌如理論』。これは十二支縁起を線形のものではなく、煩悩〜業〜苦としての生の果てしない循環と捉え、それが実体でないことをさとった境地が涅槃であるという理解に基づく）。

そして仏陀の境地に至る実践については、一切衆生に対し利他をなす福徳を積むことと一切皆空を理解する智慧を積むことに要約でき、それらはそれぞれ仏陀の色身・法身の因となると説明しています（『宝行王正論』）。しかしそれでは仏陀の境地は異熟果――作られたもの・得られたものとなり、失われうるものになってしまいます（なぜ仏陀の境地が失われないかという議論がシャーンティデーヴァ『入菩薩行論』で論じられています）。諸行無常で、一切皆苦（原義は「作られたもの〔＝有為〕は苦である」）というのが仏教の大原則だからです。

その点、仏性は最初から備わっており、その垢が除かれた状態が仏陀であるという説明では、

『宝性論』二章1偈の散文註（チベットの伝統では無着の作とする）でも述べられているように、仏陀の境地は部派と同じ離繋果（岸の杭にしばりつけていた網をほどくと、船が自然に岸から離れるように、因がなく果だけがある果）となり、作られたもの・得られたものになりません。

ナーガールジュナは第二の仏陀と呼ばれるほど偉大な存在ですが、大乗仏教の理論は如来蔵の登場をまってはじめて完成するのです。

4　異なる伝統を比較する際に気をつけるべきこと

異なる仏教伝統を比較する際に気をつけるべきことがあります。それは言葉だけでなく、その言葉がどういう文脈で使われているかに注意して比較しなければならないということです。実際には同じことを言っているのに、言葉の使い方が異なるため、言葉だけを見ると、違うことを言っているように見えることがあります。相互理解の妨げになりますし、どちらが正しいという議論になってしまうと、気づかずに、自分と同じ教えを批判することにもなりかねません。

†日本とチベットの「衆生」

日本で、日本とチベットの仏教の違いとして言われることのひとつに、チベットでは「衆生」を人間や動物に限定しているのに対し、日本仏教は草木成仏で、植物なども「衆生」に含む、ということがあります。先日、真言宗のお坊さんにお目にかかった際に、来日したチベットの高僧と日本の高僧の間でその話題になった、ということをうかがいました。

チベットの高僧が「衆生」を話題にする際、多くの場合、輪廻する存在を思い浮かべています。ですから、もし動物だけでなく植物も衆生だとしたら、植物を抜いたり切ったりすると、殺生の罪を犯すことになってしまいます。「一切衆生はかつて自分を育ててくれた母親であり、その恩に報いなければならない」というのが仏教の考えですから（日本仏教にもあり、『歎異抄』で親鸞聖人が説いています）、もやし炒めを作るのは、前世の母親たちの大量虐殺、彼女らに地獄の苦しみを与えるきわめて罪深いおこないになります。

通訳が「衆生」と訳していても、チベットの高僧ご自身は「セムチェン」（直訳すると、心を有するもの。仏教用語の「有情（うじょう）」）とおっしゃっていることが多く、動物は有情で植物は非情（ひじょう）というのは、伝統的な仏教の分類です。

それに対し、日本の高僧が植物も衆生だとおっしゃったのは、おそらく真言宗の実践が「心と仏と及び衆生と、是三つは差別無し」（『華厳経』）という考えに基づいているからでしょう。すべては大日如来のあらわれであり、これが病気平癒などの加持祈禱の基盤となっています。自分が法力で他の衆生を救うわけではなく、仏と自分と衆生に違いがない境地で瞑想をおこなうことによって、結果的に他の衆生によい効果が生じるのだそうです（三井英光『加持祈禱の原理と実修』高野山出版社）。これは主客二元論を離れた境地であり、そこでは衆生は動物に限定されるか否か、という分別は意味をなしません。

チベットの伝統で言えば、これは「ナンスィー・ナムダク」（あらわれ〔＝器世間〕と生き物〔＝衆生世間〕が本来清浄）と呼ばれる境地です。

草木成仏という言葉は天台本覚論からきていますが、「一仏成道観見法界、草木国土悉皆成仏」、ある者が仏陀になった時、それは主客二元的な捉え方からの解放であるのだから、自分だけが仏陀になり、自分の外の世界は相変わらず、ということはありえない。自分が仏になるということは、その仏陀にとって世界が仏になることでもある、というのが元々の意味です。

このように、言葉だけ見るとまったく違うことを言っているように見えても、実際の考えは共通しているのです。どちらも仏陀の教えに基づくのですから、当然といえば当然ですが。

日本とチベットの高僧の議論が共通理解に達したのかどうかは、聞き漏らしてしまいました。短時間で、しかも通訳を介した対話では、そこまで至るのはむつかしかったかもしれません。

†ゲルク派と他派の空性の説明の違い

同じことは、チベットの異なる宗派間にもいえます。ニンマなど、チベットの他の宗派が空

ツォンカパ

性について、有と無の二つの極端論（辺）を離れた境地、何も捉えるものがない概念的思考を超えた境地と説明するのに対して、ゲルク派では、対象はあるが、その自性が空である、と説明します。

これについては長く論争がおこなわれてきて、ゲルク派の学僧によってしばしばニンマの教えが攻撃対象になってきたのですが、これもゲルク派の開祖のツォンカパが、なぜそのような説明をしたのか、ということを考える必要があります。

ツォンカパの主著として有名な『菩提道次第・大論（ラムリム・チェンモ）』には、後に書かれた『略論』があり、観の章に、『大論』にはなかった論が加えられています（『悟りへの階梯』ＵＮＩＯ）。そこでツォンカパは、瞑想中に空性を体験している時は、一切概念的思考が生じず、その瞑想を終えると、感覚が再び対象を捉えるが、その時には以前のような実体視は生じなくなる、と説いています。ツォンカパは前者を「虚空のごとき空性（ナムカ・タブー・トンニー）」、後者を「幻のごとき空性（ギュマ・タブー・トンニー）」と呼んでいます。

これを見ると、他派の説明は瞑想中の「虚空のごとき空性」のことを述べており、それに対して、対象はあるがその自性が空だ、というゲルク派の説明は「幻のごとき空性」を説いたものであることがわかります。

瞑想中の「虚空のごとき空性」の体験がなければ、瞑想後の「幻のごとき空性」が生じることはなく、瞑想中に「虚空のごとき空性」の体験が得られれば、瞑想後は必ず「幻のごとき空性」が体験されますから、どちらの説明が正しいかという議論は、瞑想中と瞑想後のどちらが正しいかといっているようなもので、まったく意味がないものであることがわかります。どちらか一方だけが正しく他方が間違っていると考えている時点で、その人の空性理解には問題がある、と言わざるをえません。

他派の説明は、インド以来の一般的な説明を踏襲したものですが、ツォンカパがそれとは異なる説明を選ばれたのには、理由があるでしょう（もちろん経典などにツォンカパと同じような説明をした箇所もあります）。

一般的な説明の問題点は、それは瞑想中の境地のことですから、実際に自分が体験してみないとわからない説明だということで、おまけに、単に瞑想中に何も思考が湧き起こらなくなった状態（無の境地）を、空性を体験したと勘違いしてしまった場合、正しい空性の体験も単なる無思考も、どちらも概念的思考が生じない状態ですから、その間違いを正すことはできません。正しい空性の体験であれば、瞑想後に実体視が生じませんから、「幻のごとき空性」の説明の方が、それが正しい空性の体験だったかどうかを判別するメルクマールになります。また、まだ空性を体験していない段階の者にとっても、今の自分には対象が実体として映っていますから、そうではなく、対象を実体として捉えないのが空性だという説明は、(どちらにせよ体験しないと本当にはわからないものであるにせよ) 説明として理解しやすいものです。

ただ、この説明では、感覚が捉えている対象と空性が、現象と本質のような二元的なものとして捉えられてしまう危険があり、ツォンカパは弟子に対する教誡のなかで、現象と空性が別々のものとして映っているうちは、正しい見解ではないと注意して、それが別々のものではないという理解が得られたら、修行に籠もってそれを完成させるように、とアドバイスしていいます(『道の三要訣』、『仏教瑜伽行思想の研究』文栄堂に翻訳を収録)。

ツォンカパは『菩提道次第』の終わりでも、この教えを繰り返し考えて、理解を得たら必ず密教の道にはいるように、と説いています(長尾雅人『西蔵仏教研究』岩波書店)。

仏教のむつかしさは、インドのナーガールジュナが『中論』二十四章で説いているように、言葉を使って言葉を超えた境地を目指す点にあります。(伝統的な言い方では) 言葉は月を指す指のようなもので、指ではなく、それが指し示している月の方をみる必要があるのです。

僧院教育で、倶舎・唯識・中観・如来蔵といった相異なる観点からの教えを学ぶ必要があるとされてきたのは、それらが指し示す言葉を超えた境地を理解するためであり、しかしそれぞれの視点が異なっているため、それらを正しく整合的に理解することは容易ではありません。ツォンカパはそれらを、対象を実体視する凡夫の視点で統一的に説明し、言葉を超えた境地は密教の実践によって体験する、理論的理解と体験的理解を二段階にした教育方法を編み出し、多くの人が学習可能なものとしたのです。この試みは成功し、ゲルク派はチベットの最大宗派となりました。

しかし、そのせっかくの教えを他派の批判に用いて、結果的に、瞑想後こそが正しく瞑想中は間違いだ、というような見当違いの論陣を張って、これこそがツォンカパさまの素晴らしい教えだと誇っては、せっかくの巧みな方便に泥を塗ることになってしまいます。

†禅をめぐる議論

チベットのお坊さんには、日本の禅について、それが単なる止の境地に留まるものだという先入見を持っている方がいらっしゃいますが、このことも実はそれと関わっています。ツォンカパが、単なる無思考の状態と空性の体験の違いを論じる際に、古代チベットのサムエの宗論――無の境地になることがすべてだとする中国の禅僧摩訶衍(まかえん)(大乗和尚)と中観を説くインドのカマラシーラが王の前で論争し、中観が正統とされた、という話を持ち出しているのです。

禅は無の境地を目指すもの、というのはよく言われることですが、実は臨済宗の開祖の中国の臨済も、曹洞宗の日本の道元も、それが間違った禅理解であることをはっきり説いています。禅は禅那の略で、禅定をあらわすインドの「ディヤーナ」に漢字を当てたものですが、道元禅師は『弁道話』で、坐禅は（用語的には正しい説明ではあるのですが）三学（戒・定・慧）の定や、六波羅蜜の禅定とはまったく異なるものだと説いています。

道元は晩年、主著『正法眼蔵』を全百巻に増補しようとして、果たせず亡くなっていますが、最晩年に増補された巻のひとつ「四禅比丘」巻で、四禅（無の境地）を体験して自分は阿羅漢になったと誤解してしまった二人の僧侶の話を取り上げています。一人は師の釈尊に騙されたと怒りの心を発して地獄に落ち、もう一人はその誤解を師によって気づかされるという話ですが、後者が誤解に気づいたのは、師が神通力で見せた強盗や美女に恐怖や欲望を感じ、自分がさとっていないことに気づいたためです。

ここでも瞑想後に対象が実体と映っているか否かが正しい空性体験のメルクマールとなっており、日本の禅のことも批判しているように思われがちなツォンカパの教えも、よくよく見るならば、日本の道元と同じポイントに注目していることがわかり、相互理解に役立つものなのです。

第四章

ラムリム（菩提道次第）とロジョン（心の訓練法）

――仏教の学習と実践の心髄

1 アティシャとカダム派の伝統

†仏教に教義はない

仏教を「私」を否定する無我思想と捉えて、自己の幸せの追求を否定する教えと見なす人がいますが、それは正しくありません。仏教には一律の教義はありません。一神教の基本は、神が世界を創造し、その創造主の命（たとえば「汝殺すなかれ」）に被造物が従うというものですから、教義こそが宗教の柱です。それに対して仏教は、釈尊が苦しみからの完全な解放を果たし、私たちもそれに倣って解放を目指す教えですから、何が私たちに苦しみをもたらすかについての洞察はあるものの、何をなすべきかはその人その人によって違ってきます（教えは薬や筏に喩えられます）。仏教に特定の教義を見るのは、西洋の一神教の考え方を当てはめたもので、伝統的理解とは違います。

一律の教義を持たないことが、他にはない仏教の魅力であり、同時にわかりにくさでもあります。最初仏教の教えに接した時に、一体何をすればいいのか、困惑された方も少なくないのではないでしょうか。

†仏教の学び方——基礎の基礎

　仏教の実践は、大きく分けると、教えを学ぶことと修行することから成り立っています。仏教には一律の教義はありませんから、まずは『般若心経』の学習であれ密教の修行であれ、自分が興味を持ったところから始めるのがいいと思います。まずこれをやらなければならない、ということは仏教にはありません。

　ただし、学問も修行も、苦しみからの解放のためのものですが、適切におこなわなければ、苦しみは一向に減らず、逆に増えてしまうことすらあります。その時点で、仏教など役に立たないと思ってしまう人もいるかもしれません。

　修行と学問は、機械とその説明書のようなもので、まずは使ってみて、わからないところは説明書を見る人、よく説明書を読んでから使う人、どういうやり方をするかは、それこそ人それぞれです。一律に説明書を隅から隅まで読んで完全に理解し、それからはじめて機械を使うことが許される、などと一定の方法を押し付けたら、機械を使う気を失ってしまったり、逆に説明書を読むことだけで達成感を得て、それで十分な気になってしまう人もでてくるでしょう。

　しかし、まずは使ってみるという人も、操作がわからなくなったり、思ったような効果が上がらない場合は、説明書を読む必要があります。説明書をまったく見ずに機械を完全に使いこなすことができるのは、それこそ天才だけでしょう。

†ラムリム（菩提道次第）とアティシャ

チベットの各宗派で仏教の実践的なガイドの役割を果たしているのが、ラムリム（菩提道次第）の教えです。ラムリムをゲルク派の教えだと思っている人もいますが、それは正しくありません。ダライ・ラマ法王によれば、ニンマ派ではロンチェンパの『心性休息論（セムニー・ゲルソ）』、サキャ派ではサキャ・パンディタの『牟尼意趣明（トゥッペー・ゴンサル）』、カギュ派では有名なミラレパの弟子であるガンポパの『解脱荘厳（タルゲン）』が、ラムリムの代表的テキストです。ゲルク派の開祖ツォンカパは、大中小の『菩提道次第（チャンチュプ・ラムリム）』を著しています。

これらはすべて、アティシャの『菩提道灯論（チャンチュプ・ラムキ・ドンメ）』を踏まえています。

二〇一二年一月にインド・ブッダガヤでおこなわれたダライ・ラマ法王の教えでは、最初にナーガールジュナ『出世間讃』が説かれた後、アティシャ『菩提道灯論』、ロンチェンパ『心性休息論』、ツォンカパ『菩提道次第・要義』が並行して解説されました。これは各宗派の教えはそれぞれ特色はあるものの、同じ境地を目指す教えとして変わりはないことを、教えを受ける一人一人が自分で確かめることができるように、そういう教え方をなさったのだと思います。

古代のチベットではちょうど古代日本の律令国家と同様に、国家事業として仏教の導入がおこなわれ、経典の翻訳も組織的におこなわれました。チベット大蔵経に収録されている経典の多くは、この時代に翻訳されたものです。

しかし、古代統一国家が崩壊し、様々な教えがヒマラヤを越えて入ってきて、混乱が生じました。ある経典に書かれていることと、別の経典に書かれていることが矛盾しており、それをどう整合的に理解すればいいのか、チベット国内で考えても決着がつきません。そこで招かれたのが、当時インドにおける仏教の一大拠点だったヴィクラマシーラ僧院の僧院長の職にあったアティシャ（出身は今のバングラデシュ）です。

アティシャ

アティシャを招く経緯については、感動的な話が伝えられています。当時西チベットを領有していた王（イェシェ・ウー）が敵に囚われの身となり、身代金として背の高さまで黄金を積み上げることを要求されました。頭の分だけ黄金が足らず、王は自分の命を救う代わりに、その黄金を用いてインドから高僧を招くことを願いました。要請をうけたアティシャは、チベットに行くべきか悩んでいると、ブッダガヤで「もしチベットに行ったら、教えは広まるが、インドに再び戻ることはできず、寿命も短くなる」というターラー菩薩のお告げを受け、教えが広まるのであれば、と巡礼を装ってネパール経由でチベットに赴き、短いテキストに仏教の教えを要約したのがこの『菩提道灯論』です。

『菩提道灯論』では、仏教の教えが、下士・中士・上士の実践に整理され、仏陀の境地を目指す上士の実践が詳しく説かれ、仏陀の境地に至る別の方法として密教が紹介されています。仏教の戒律には声聞の戒律（別解脱戒）、大乗の菩薩戒、密教の三昧耶戒があり、その関係をどう理解するかがチベットで問題になったことのひとつでしたが、アティシャは前のものが後のものの前提となっているという理解を示し、教えを段階的に学んでいくのがチベットの伝統になりました。

インドとチベットをむすぶ道は戦乱がおきて通ることができなくなり、アティシャは予言通り、インドに戻ることなく亡くなられました。アティシャの教えを受け継ぐカダム派の名称は、すべての仏陀の教え（カ。阿含）を一人の人が仏陀の境地に至る教誡（ダムガク）とすることに由来します。カダム派はいくつかの系統に分かれ、それを統合して新たにゲルク派（新カダム派とも）が成立したため、カダム派は今日独立した教団としては存在していません。しかしラムリムと、アティシャが一人の弟子にのみ密かに伝えたというロジョン（心の訓練法）の教えは、チベット各宗派の学習と実践の基礎となっており、宗派にも「寿命は短くなるが教えは広まる」というターラー菩薩の予言が当てはまっているようで、感慨深いものがあります。

†チベット仏教と阿含経典

カダム派は、『ウダーナ・ヴァルガ（感興語集）』『ジャータカ・マーラー（本生鬘）』『入菩薩行論』『大乗集菩薩学論』『瑜伽師地論（ゆがしじろん）・菩薩地』『大乗荘厳経論』の六典籍を学ぶシュン派、四聖諦（ししょうたい）についての教誡の口訣を伝えるダムガク（教誡）派、密教のカダム十六滴（ティクレ）を伝えるメンガク（秘訣）派に分かれていました。

六典籍は、釈尊ご自身のお言葉と、その前世における仏陀の境地に至る実践の物語、菩提心をおこすことと瞑想についてのそれぞれ二つの教えです。阿含経典である『ウダーナ・ヴァルガ』（『ブッダの真理のことば・感興のことば』岩波文庫の後者）が含まれていることを意外に思う方がおられるかもしれませんが、ツォンカパ『菩提道次第・大論』においても、『ウダーナ・ヴァルガ』と『ジャータカ・マーラー』は、重要な教証として用いられています。釈尊のお言葉と仏陀の境地に至る実践が教えの正統性を示す何よりの根拠となるのは、考えてみれば当然の話です。

残念なことに、カダムの諸派を統合したゲルク派が政治的な最大宗派となって大僧院主義をとったためか、ツォンカパ自身が重視した教えであるにもかかわらず、ゲルク派の僧院教育のテキストにならなかった六典籍の伝統は衰えてしまいました。

二〇〇八年のインド・ダラムサラにおけるモンラム（チベット暦新年の祈願祭）の教えで、ダライ・ラマ法王が題材として選ばれたのが、この『ウダーナ・ヴァルガ』と『ジャータカ・マーラー』でした。これは法王が長く念願されていた教えで、『ウダーナ・ヴァルガ』の根本偈はリゾン・リンポチェ（第百二代ゲルク派管長）から伝授を受けることができたが、その註釈の伝統は、とうとう継承者を見つけることができなかったというお話でした。衰えてしまった重要な教えを、自ら学んで授けることによって、再び盛りたてることも、法王の重要なお仕事のひとつです。

2 アティシャ『菩提道灯論』とラムリム（菩提道次第）

†仏陀の境地に至る実践――六波羅蜜と釈尊の前世物語（ジャータカ）

日本には長い仏教の伝統があるためか、「成仏」という言葉が当たり前のように使われていますが、よく考えてみると、とてもわかりにくい言葉です。西洋の一神教の教えは基本的に、神が世界を創造し、その創造主の命に従うというものですから、自分が「神になる」ということは考えられません。それに対して仏教は、釈尊が苦しみからの解放の方法を発見されて、実際に苦しみから解放され、私たちもそのやり方で苦しみからの解放を願うというものですから、仏陀となることが目標となります。

　とはいえ、仏陀がどのような存在で、どのようにして仏陀となられたのかを知らなければ、「成仏」というのは、単なる言葉だけのものになってしまいます。釈尊の伝記は、日本では八相成道（降兜卒・托胎・出胎・出家・降魔・成道・転法輪・入滅）、チベットでは十二事業（降兜卒・入胎・出胎・技芸・妃伎・出家・苦行・金剛座・降魔・成道・転法輪・涅槃）に整理されていますが、基本的に伝えられている内容は同じです。

　また、釈尊はインドの王国のひとつの王子として生まれた時の生だけで仏陀の境地に至ったわけではなく、長い間生まれ変わりをくり返して利他をなし続け、仏陀となったといわれています。釈尊の前世の物語とされているのが本生譚（ジャータカ）で、そこで語られている釈尊の前世の実践をまとめたものが、大乗仏教の六波羅蜜（布施・持戒・忍辱・精進・禅定・智慧）です。たとえば、餓えた虎に自分の体を与えて食べさせたり、求められて自分の眼を与えたことが布施の実践、王に体を切り刻まれても忍耐したことが忍辱の実践の元となっています。本生譚が六波羅蜜の元であることは、日本仏教でも『三宝絵』で、『大智度論』などに基づいて説かれています。

しかし、もし仏教徒にとって、自分の体を与えることが義務、教義だとしたら、ほとんどの人は仏教徒になることに躊躇(ちゅうちょ)するでしょうし、そもそもそれがなんで苦しみの解放につながるのか、疑問に思うでしょう。

チベットの伝統では、そのような真の菩薩の実践のためには、まず心の訓練が必要だとして、インドのシャーンティデーヴァの著した『入菩薩行論』が重んじられています。『入菩薩行論』では、菩提心が人に一時的と究極の幸せを与えるものであることが説かれ、菩薩の誓いの立て方、それをどのように守って衰えないようにするか、さらにその心を増大させるかが説かれています(本書第五章4)。

✝釈尊のさとりと教えの関係——様々な異なる教えが存在する理由

釈尊はインドのブッダガヤの菩提樹の木陰で瞑想しさとりを開かれた時、私のさとった真理は他の人には理解できず、喜ばれないので、教えを説くのはやめておこうと考えられ、そこに梵天と帝釈天が現われて願い、教えが説かれることになったと伝えられています(梵天勧請)。

釈尊が発見されたのは苦しみからの解放の方法なのに、教えることを躊躇されたのは、それが普通の人の考える苦しみの解放の方法とはまったく違うものだったためです。そのため、教えが説かれるようになっても、その教え方は一律ではなく、相手の理解の度合いに合わせたものとなりました（対機説法）。仏教には膨大な量の経典が存在しますが、それはこのような理由によると説明されています。

ですから、仏陀の教えとはいっても、自分に合ったものを実践しなければ、本当の意味で役に立つものにはなりません。実践すべき教えは、その人が苦しみをどのようなものとして捉えているか、どこまでを苦しみと考え、取り除きたいと考えているかによって違ってきます。

多くの人は、自分にとって嫌なものを排除し、欲しいものを手に入れることが、苦しみをなくし幸せを手に入れる方法だと考えているかもしれません。しかしそれは間違いです。いくら嫌な奴だからといって、その人を殺してしまえば幸せになるかというと、そうではありません。いくら欲しくてたまらないからといって、他人の物を盗ってしまえば、泥棒で、幸せにはなりません。そもそも、嫌なものも欲しいものも、外にあるので自分の自由にはならず、嫌なのになくすことができない、欲しいのに手に入れることができないことで、かえって苦しみを増やしてしまいます。その上、仮になくすことができた、手に入れることができたとしても、一時的には満足するかもしれませんが、しばらくすると、別なものが嫌になったり、欲しくなってきてしまいます。仏教では、このようなやり方は、喉が渇いている時に海水を飲むようなもので、いくら飲んでも渇きがおさまることはなく、ますます強くなってしまうと説いています。釈尊がさとられたのは、なぜそうなってしまうのかという、苦しみの真の原因でした。嫌なもの、欲しいものは、私たちの心にありありと現われますが、それは私たちが捉えた像で、実体ではないのです。それが『般若心経』が説く「色即是空」ということです。

しかし、現に「これが嫌でたまらない」「これが欲しくてたまらない」という人に、それはあなたの心にありありと映っているが実体ではないのだよ、と説いたとしても、聞く耳を持たないでしょう。ですから釈尊は最初教えを説くことをためらい、教えが説かれることになっても、その教えは相手の理解に合わせた異なるものになったのです。

対象を実体視する大多数の人には、釈尊は悪いこと（十不善）をしないように、と説かれました。嫌だからといって相手を殺したり、欲しいからといって他人の物を盗っては、幸せにはなれません。悪いことをせず、いいことをするよう心がければ、再び人間に生まれたり天の世界に生まれ変わることができる、これが阿含経典で主に在家の者に対して説かれている教えです。

そうやって自分の心を抑制し、冷静に物を考えることができるようになった人に、釈尊は輪廻からの解脱を勧められました。人や天に生まれたとしても、それは輪廻の中で、やはり苦しみは存在しますし、いずれ再び別のものに生まれ変わらなければならないのです。外の対象が実体でないことを真に実感することはきわめて困難ですから、釈尊はまず、「ある」と思って疑うことのない「私」はいったいどこにあるかを調べてみなさい、と説かれました。これは阿含経典で主に出家者に説かれている教えです。

そのようにして苦しみから完全に解放された仏陀の境地がどのようなものか、またそこに至る実践については、理解できる存在がきわめて限られていたため、最初人間の世界には伝わらず、神々の世界で伝えられ、後に人間世界にもたらされた、といわれています。それが大乗経典です。

†仏教の考える苦しみの種類――苦苦・壊苦・行苦

仏教の苦しみの分類法のひとつに三苦（苦苦・壊苦・行苦）があります。苦苦（苦しい苦しみ）とは、物理的、心理的な苦痛のことで、これは誰でも理解し、避けようとします。壊苦（変化による苦しみ）は、普通は幸せと考えられているものが、状況が変わると苦しみに変じる、そのような苦しみのことです。行苦（遍在する苦しみ）は一番わかりにくい苦しみで、対象の実体視がある限り、表面的な苦しみや幸せがあろうとなかろうと、つねに潜在的に苦しみは存在している、そのような苦しみのことです。

苦苦を避けようとすることは誰もがしていますが、うまくいきません。それは動物もやっていることです。苦苦だけでなく壊苦も避けるためには、先ほど述べた、悪いことをしないことが必要です。それは病気でいえば、症状を抑える段階です。それがある程度できるようになると、苦苦と壊苦だけでなく、行苦をもなくしたいと考えるようになります。これが病気でいえば根治を目指す段階で、輪廻からの解脱がそれに相当します。

釈尊は、自分一人が苦しみから離れるのではなく、他の生き物を苦しみから救うため、生まれ変わりを繰り返して利他を実践されました。他のすべての生き物の苦しみを完全になくす、そのためには、ほとんどの生き物は間違った苦しみの解決法をおこなっていますから、苦しみとその原因、苦しみをなくす方法について、段階的に教える必要があります。それは釈尊が仏陀としておこなわれたことです。

仏教が「成仏」を目指す教えであるのは、そのためです。自分自身が苦苦だけでなく壊苦、さらには行苦をも苦しみと捉えてなくしたいと思い、さらに自分だけでなくすべての生き物の苦しみも完全になくしたい、そう考えてはじめて、そのための手段として、仏陀になることが必要になってくるのです。

菩提心は仏陀の境地を目指す心のことです。それが菩提心、さとり（ボーディ）の心と呼ばれるのは、それが成長し完全なものになった時、仏陀のさとりの心となるためです。

自分自身は輪廻の中の幸せを追い求めながら、「一切衆生の苦しみがなくなりますように」

と願っても、それは口先だけのものになってしまいます。ですから、釈尊は相手の理解に合わせて教えを説かれました。私たちも、それを段階的に学ばないと、早道どころか大きな回り道になってしまいます。

†『菩提道灯論』と三士（下士・中士・上士）の別

チベットでは、国家事業として仏教の導入をおこなっていた古代王国の崩壊後、様々な教えがインドから入ってきて、混乱が生じました。その時インドから招かれたのが、高僧アティシャです。

アティシャの著した『菩提道灯論』は、自己が苦苦と壊苦から離れることを願う人天乗、行苦からも離れることを願う小乗、すべての生き物を完全に苦しみから解放することを願う大乗と、段階的に仏教を実践していく教えです。チベットでは、四大宗派すべてで、ラムリム（菩提道次第）の考えに基づいて、仏教の学習、実践がおこなわれています。

『菩提道灯論』では最初に、修行者が三種類に分類されています。一番低いレベルの修行者（下士）は、自分が三悪趣（地獄・餓鬼・畜生）に生まれることを避け、天や人に生まれることを願って修行します（人天乗）。中程度の修行者（中士）は、自分が輪廻そのものから解脱することを願って修行します（声聞乗）。もっともレベルの高い修行者（上士）は、『菩提道灯論』

の言葉では、「自相続に属する苦によって、一切有情のあらゆる苦しみを完全に滅したいと望む者」、すなわち自分が苦しみを感じた時、他のすべての生き物も自分と同様苦しみを望まないのだから、それを完全に滅したいと願うような者です（菩薩乗）。

†発菩提心

『菩提道灯論』では三士の分類の後、特に上士の実践について詳しく述べています。まず仏壇に仏陀の身・口・意の象徴である仏像・経典・仏塔をまつり、三度礼拝した後、慈悲の眼で衆生の苦の様を見ることによって、菩提心を生じさせる、とあります。その実際の方法として、いくつかのやり方がチベットに伝えられています。

一切衆生を前世の母と考え、その時の恩を考え……と順に考えていく因果の七秘訣は、アティシャが師のセルリンパから授かった方法といわれるものです。

私たちは自分のことを大切と思い、少しの苦しみでも大騒ぎしますが、他人の苦であれば無関心であったり、嫌いな相手なら「ざまぁみろ」と喜んだりすらします。そのような自己中心的な心を改めるため、自分と他人を置き換えて考える、これはシャーンティデーヴァ『入菩薩行論』八章で説かれているものです（本書第五章4）。

もうひとつ、四無量心（慈・悲・喜・捨）を瞑想する方法もあります。四無量心は阿含経典で人や天に生まれる方法としても説かれていますが、ここでの四無量心は、一切衆生を等しいものと見る平等心（捨）からはじめる、大乗の四無量心です（本書第五章3）。

そうやってすべての生き物のために仏陀を目指そうという心が生じたら、仏陀の境地に至る実践をおこなう誓いを立てます（菩薩戒）。これにも、『瑜伽師地論』で説かれている、師の前で誓いを立てるやり方と、十方の仏菩薩を観想して、その前で誓いを立てるやり方の二種類があります。後者は文殊菩薩が菩提心をおこした方法に基づくとされているものです。『入菩薩行論』には、「過去の善逝（ぜんぜい）が、菩提心をおこし、菩薩の学処を、順を追って実践したように、そのように衆生の利益のために、菩提心をおこし、同様に学処も、順を追って実践します」という誓いの言葉が記されています。これは仏陀になろうという心（発願菩提心）とそのための実践をおこなう誓い（発趣菩提心）を同時にたてるものです。

†止と観

発菩提心のあとに『菩提道灯論』で説かれているのが、止と観の瞑想です。菩提心をおこした後で一点集中の瞑想（止）をおこなう意味について、アティシャは、利他の実践には神通力が必要で、止の実践によって神通力を獲得することができると説明していますが、空性の理解においても、止の実践ができていることが前提となります。

私たちは感覚が捉えた対象を実体視し、わるいと捉えたものには瞋り(いか)の心、いいと捉えたものには貪り(むさぼ)の心をおこし、その煩悩を満たすことが苦しみをなくし幸せを得る方法だと誤って考え、それに慣れてしまっています。修行をはじめたばかりの人は、瞑想しようとしても次から次へと想いが浮かんできて、コントロールできないでしょう。実はそれが普段の私たちの心の働きで、一点に集中することによって、その働きを一時的に停止させます。

私たちの心に対象はありありと映っているが、実は実体ではないことを、知識として知るだけではなく、実際に体験するためには、そのような対象を捉える心の働きを停止させた状態である必要があります。無我や空性といった言葉を知っているだけでは、私たちの心は変わらず、苦しみをなくすこともできません。実際にその状態を体験することが必要で、それはきわめて困難です。

『菩提道灯論』では、止の実践ができるようになったら、利他の実践をおこなうのと並行して、四句分別(有る・無い・有りかつ無い・有るでもなく無いでもない)や自から生じる・他から生じる・両者から生じる・無因から生じる、存在は一であるか多であるか、について考えることを勧めています。それらはナーガールジュナ『中論』など中観の論書に説かれているもので、対象の実体視が間違いであることに気づく方法です。

ダライ・ラマ法王は、『中論』十八章に説かれている、私は一体どこにあるのか(五蘊が私か？　五蘊を離れた私があるのか？）を毎朝考えるとよい、と勧められています（『空の智慧、科学のこころ』集英社新書）。

そうやって考え続けていると、ある時、「本当だ！」という理解が生じます。『菩提道灯論』は、そうやって理解が得られたら、今度はその理解した境地に集中して瞑想するようにと説いています。そうやって、空性について知識として理解する段階（資糧道）から、間違いないとはっきりわかった段階（加行道）、瞑想中に空性を直接体験する段階（見道）に進み、「仏陀の境地も遠くない」と説かれています。

瞑想中に空性を直接体験しても、瞑想を終えれば心は再び対象を捉えますが、かつてのような実体視は生じず、貪りや瞋りの心は生じない、といわれています。これは、子供は映画やテレビのお化けや怪獣を本物だと思って泣き叫びますが、作り物だとわかってしまえば、もう怖くはなくなるようなものです。経典で、すべては夢、幻術師の作り出したイリュージョン、蜃気楼のようなものだ、と説かれているのは、そのことです。

†密教の実践

空性を理解する智慧を得る方法としては、密教のやり方もあります。それが師の智慧と一体化するグル・ヨーガです（本書第六章1）。

アティシャのお守り

『菩提道灯論』では、仏陀の境地に至る別の方法として、密教の実践が説かれています。密教は言葉を介さずに境地を師から弟子へと直接伝えるもので、そのための儀礼が灌頂です。灌頂をイニシエーション、入門儀礼であると説明している本もありますが、それは誤解しやすい言い方だと思います。すでに修行を成就している師の瞑想の境地に接することによって、一時的に弟子の側も高度な境地を体験します（もちろん個人差は大きいでしょう）。

チベットでは灌頂の後、成就法と呼ばれる瞑想を集中的におこないますが、それはその体験を反復することによって深め、はっきりしたものにしていく手段です。密教が秘密の教えとされるのは、それが体験を受け継ぐもので、言葉のみを介して概念的に理解することが不可能であるためです。

†師による指導の必要性

このように仏教の教えはきわめてわかりにくいものであるため、それを学ぶには、すぐれた師の指導が欠かせません。師がいなければ、仏陀というものがどのような存在かわからず、それを目指す方法もわかりません。経典では、釈尊や阿弥陀仏のような仏陀も、遠い過去に別の仏陀と巡り会い、「あなたのような仏陀になる！」と決意したと説かれています（『悲華経』『大無量寿経』）。それが真の菩提心です。

師は指導者であると同時に、その修行によってどのような境地を獲得できるのかを示した、生きた見本でもあります。仏教が「ラマ教」と呼ばれた真の意味がそこにあります。

3　ロジョン（心の訓練法）の伝統と現代

†ロジョンの歴史

西洋社会では、仏教に対する実践的な関心が高まっていますが、日本の禅やテーラワーダのヴィパッサナー瞑想などと並んで関心をもたれている実践法に、チベットに伝わるロジョン（心の訓練法）があります。

これはもともと、アティシャが一人の弟子にのみ秘かに伝えたとされるもので、当初は秘訣の形で師から弟子へと伝わり、ゲシェ・チェカワ（一一〇一〜七五）によって広く教えられるようになったといわれています。現在では四大宗派すべてで実践されるほか、仏教の枠を超えて広く教えられるようになってきています。

もともと口伝で伝わっていたもののため、様々なテキストが存在し、その集成（『ロジョン大根本』。英訳 *Mind Training: The Great Collection*, Wisdom）も存在しますが、代表的なのは、ゲシェ・ランリタンパ（一〇五四～一一二三）の著した『八偈の心の訓練法』と、ゲシェ・チェカワによる『七事の心の訓練法』です。後者は、チェカワが師から学んだ口伝をまとめたものと考えられています。

ゲシュ・チェカワ

あるとき、チェカワはランリタンパの『八偈の心の訓練法』を耳にする機会があって学びたいと思い、ランリタンパを探したのですが、すでに亡くなっており、兄弟弟子のシャラワを訪れました。しかし、シャラワは心の訓練法を説いておらず、機会を得て尋ねたところ、この教えは真にそれを実践したいと望むものでなければ役に立たないからだと言われ、仏陀の境地に至るのに役に立つか、また、その典拠はと尋ねると、仏陀の境地に至るためにはこの実践は不可欠で、ナーガールジュナ（龍樹）の『宝行王正論』に「衆生の悪しきカルマが自分に結実しますように、自分のすべての功徳が彼らに結実しますように」と説かれている（実際は趣旨は同じだが文章は異なる）と回答を得ました。

チェカワは心の成熟度に応じて少しずつ教えを受ける方法で心の訓練法を十二年かけて学び、「今死ぬとしても後悔はない」という、真の菩薩の境地に達したといわれています。

†ゲシェ・ランリタンパ『八偈の心の訓練法』

1　私が一切衆生を、如意宝珠にまさる、最高の目的を成就するものと考えることによって、常にいとおしむことができますように。

2　いつであれ誰かと交わる時は、私を一切より劣ったものと見て、他者を心の底から、最高にいとおしむことができますように。

3　一切の振る舞いを自相続（自分の心）で分別して、煩悩が生じるや否や、〔それは〕自他に悪をなすので、強い方法で立ち向かって、回避することができますように。

4　本性の悪い有情〔や〕凶悪な罪苦に負けてしまった者を見た時、埋蔵宝を見つけた如く、得られた喜びでいとおしむことができますように。

5　私に対して他者が嫉妬して、ののしる等の不合理な、損失を私が引き受けて、勝利は他者に捧げることができますように。

6　私が利益を与えて、大いに期待した者が、まったく不合理にも害をなすとしても、善知識と見ることができますように。

7　要約するならば、直接・間接によって、利楽を一切の母たち（衆生）に捧げ、母の損害と苦しみの一切を、ひそかに私が受け取ることができますように。

8　それら一切も八法（利・衰、毀・誉、称・譏、苦・楽）の、分別の垢によって染まらずに、一切法を幻術と知る意（こころ）によって、執着せず束縛から解放されますように。

『八偈の心の訓練法』は、ランリタンパ自身は「……します」と誓いの形で記したのを、後に「……できますように」と祈りの形に書き改めたといわれています。

†ゲシェ・チェカワ『七事の心の訓練法』

1　基礎となる前行

最初に、前行を実践しなさい。

2　本行としての二菩提心（勝義菩提心・世俗菩提心）の訓練

諸法は夢の如しと訓練しなさい。

不生の明知の本性を分析しなさい。

対処法（対治）自体も、本来の場所に解放しなさい。

道の本体は阿頼耶(あらや)の自性に置くことです。

坐(瞑想のセッション)の間は、幻術師としてありなさい。

与え―受け取る(トン―レン)の二つを交互に訓練してください。

その二つを、ルン(呼吸)に乗せなさい。

三つの対象(いいもの・わるいもの・どちらでもないもの)、三つの毒(貪・瞋(しん)・痴)、三つの善根(無貪・無瞋(むしん)・無痴)。

あらゆるおこないを言葉で訓練しなさい。

3 逆縁を助けと捉える

世界(有情世間・器世間)が悪であふれる時、逆縁を道に変えなさい。

一切の仇を一つ(我執)に求めなさい。

一切〔有情〕に大恩を瞑想しなさい。

三つの見解と虚空蔵〔の〕、ヨーガは防御の最上のもの。迷いの現われを〔仏陀の〕四身と瞑想する、空性は防御の最上のもの。

四加行(仏とラマに供養して祈願する・罪を浄化する・魔に供養する・護法尊に供養する)を具えたものが最高の方便。

何に出会っても直ちに瞑想しなさい。

4　一生の実践をまとめた（死の際の）教え

（略）

5　心が訓練された基準の教え

（略）

6　心の訓練の約言（サマヤ）の教え

（略）

7　心の訓練の学処（訓戒）の教え

（略）

五濁の盛んな今を、菩提の道に変える。
自分の多くの祈願によって、苦しみ悪口を気にしない、我執を調伏する教誡を得た。今死ぬとしても後悔はない。

『七事の心の訓練法』はテキストによる異同が大きいですが、ここではチェカワから教えを受けたセ・チルブの註釈書に基づいて紹介しました。口伝を七つの内容にまとめたのは、セ・チルブだとも言われています。

†中心的な実践としての無我の瞑想とトンーレン

『七事の心の訓練法』の実践の核となっているのは、勝義菩提心の修習としての無我の瞑想と、世俗菩提心の修習としてのトンーレン（直訳すると、与え―受け取る）です。後者は、呼吸を利用して、息を吐く時に自分の幸せを白い光として他に与えると考え、息を吸う時には他の苦しみを黒い煙として吸う、と考えながら呼吸するものです。

『八偈の心の訓練法』の内容をそれに対応させると、利他の心の訓練を説く1〜7偈の要約として7偈で説かれている「利楽を一切の母たち（衆生）に捧げ、母の損害と苦しみの一切を、ひそかに私が受け取ること」がトンーレンを指していて、世間八法のような二元論的思考を離れることを説く8偈が無我の瞑想を指していることがわかります。

経典を暗記する必要がある『般若心経』の読誦や、複雑な曼荼羅や本尊を観想する必要のある密教の瞑想法と比べ、トンーレンは息を吐く時に自分の幸せを与え、息を吸う時には他の苦しみを吸うと考えるだけですから、特に専門的な知識も技術も必要とせず、呼吸さえできれば誰でも実践することができます。それが西洋社会で特に関心の高い理由のひとつでしょう。

しかし、まったく仏教の教えを知らない人が、いきなりこれをやれ、と言われたら、尻込みする人がほとんどではないでしょうか。そもそも、苦しみからの解放が仏教の目的なのに、これでは苦しみが増えてしまうのではないか、と疑問に思う人もいるでしょう。

ゲシェ・チェカワの問いにシャラワがこの実践は仏陀の境地に至るのに不可欠だ、と答えているように、心の訓練法の実践は、大乗仏教の実践のエッセンスというべきものですが、それを正しく理解し実践するためには、ある程度の仏教理解を必要とします。

†無我の瞑想と『中論』十八章

ダライ・ラマ法王がよくおっしゃることですが、無我や空の瞑想において、単に「無我だ」「無我だ」「無我だ」「空だ」「空だ」「空だ」といくら念じてみても、いつまでたっても無我や空を理解することはできません。

私がいて、私が捉えているとおりの対象がある、と疑っていないのは私たちの心ですから、無我や空を理解するためには、そのような思い込みが本当かどうかを確かめる、分析瞑想の方法を用いる必要があります。

『七事の心の訓練法』で「三つの対象（いいもの・わるいもの・どちらでもないもの）、三つの毒（貪・瞋・痴）、三つの善根（無貪・無瞋・無痴）」と説かれているように、私たちの心は、対象をいいものだと捉えると反射的に欲しいという気持ち（根本的な煩悩である三毒のひとつ、貪りの心）が沸き起こってきます。反対に、わるいものと捉えると、嫌だという瞋りの心が湧き起こってきます。そのどちらでもないときは、貪りの心も瞋りの心も生じませんが、対象を実体と捉える無痴の心は働いています。

仏教の実践では、まずそれらの心を野放しにすることが、自分自身にとって不利益、苦しみをもたらすことを理解し、それを抑制することにつとめます。

それを根源から断ち切るためには、そのような心を生み出す前提となっている実体視、私がいて私が捉えている通りの対象があるという思い込みが正しいかどうかを自分で確かめ、無我を理解する必要があります。

ダライ・ラマ法王がそのための手段として勧めているのが、ナーガールジュナ『中論』十八章1偈で説かれている「私はどこにあるか?」を考えることです(『空の智慧、科学のこころ』)。

もしも我が蘊そのものであるならば、生と滅とを持つことになるであろう。もしも蘊から異なるものであるならば、蘊の特質(相)を持たないことになるであろう。(『中論』十八章1偈)

私たちが「私」と思っているものは、実際には五蘊(色・受・想・行・識)だということは、釈尊によって繰り返し説かれたことです。

五蘊は、私たちがあると疑っていない自分と対象を、認識とリアクションのプロセスとして再構成したものです。

私たちの心が対象（色）を捉え（受）、よいもの／わるいものとして認識（想）します。するとよいものと捉えた場合には欲しいという心、わるいものと捉えた場合には嫌だという心が生じ、それに従って行動します（行）。そのように反応する心の働きがあります（識）。これが五蘊です。私たちでいえば、体は「色」になります。

私たちは「私」が存在することに疑いをもっていませんが、ではどこに「私」があるのでしょうか？　身体が「私」でしょうか？　もしそうであれば、事故などで足を切断するなどした場合、「私」は減ってしまうことになります……。では、感受（受）が私でしょうか？　何も感じていないでボーッとしている時、「私」という意識はないかもしれません。しかし、ハッと気がついた時、その時はじめて「私」が生じるわけではありません。その前からずっと「私」だったと思っていますから、感受が「私」だというのも、適切ではありません。

そうやって、五蘊のどこを探してもこれが「私」だというものを見つけることができないなら、では五蘊を離れた「私」があるのでしょうか？　現象は必ず五蘊のどれかに当てはまりますから、五蘊を離れた「私」というのは、現象を離れた抽象的な「私」ということになります。

しかし、もし「私」がそういうものなら、現象を離れていますから、変化することのない

「私」になります。「私は疲れた」とか「私は眠い」とか「私は年をとった」などと言うことはできません。したがって、現象を離れた「私」というものも、認めることはできません。

そうやって考えていくと、疑いもなく私はいるはずなのに、いざ考えてみると、どこにも「これが私だ」というものを見出すことができないことがわかります。その時は、私（我）がないのですから私のもの（我所）も成り立ちません。私も私のものも成り立たなければ、そこに執着は生まれません（同4偈）。自分自身がそうやって考えつづけて見出した境地は、概念的思考の連鎖（戯論）から解放された境地であり、それが仏教の考える苦しみからの解放です（同5偈）。

仏教の説く無我や空は、無我思想や空思想を信じることではありません。自分自身で考えつづけ、自分で見出すほかないものです。

そのことは、『中論』でも、次のように説かれています。

> 他に縁って（知るの）ではなく（みずからさとるのであり）、寂静であり、もろもろの戯論によって戯論されることがなく、分別を離れ、多義（ものが異なっている）でないこと、これが、真実（ということ）の特質（相）である。（『中論』十八章9偈）

分析瞑想以外にも、無我、空性を理解する方法があります。密教のグル・ヨーガです。これについては、別の箇所で触れたいと思います（本書第六章1）。

†トンーレン（与え─受け取る）と『入菩薩行論』

釈尊は一律ではなく相手に合わせて異なる教えを説いたとされ（対機説法）、それを釈尊が亡くなられた（般涅槃）後に編纂したのが、阿含経典とされています。それに含まれていない大乗経典を仏説と認めていいかどうかについては、古代インドでも議論があり、ナーガールジュナ（龍樹）は、大乗経典には阿含経典には明示されていない仏陀の境地とそこに至る実践が説かれており、阿含経典に説かれていないそれを知っているのは仏陀その人以外にはいないから、仏説と認められなければならない、としています。仏陀の境地に至る実践とされている六波羅蜜（布施・持戒・忍辱・精進・禅定・智慧）は、福徳を積むことと智慧を積むことに要約され、それぞれ仏陀の色身（利他をなすための形ある姿）と法身（形のないさとりそのもの）の因となります（『宝行王正論』）。

六波羅蜜のモデルとなっているのは、釈尊の前世物語（ジャータカ）です。たとえば、釈尊はかつて餓えた母虎とその子供を救うために自らの体を与えた（捨身飼虎）といわれますが、そのような実践を私たちが今すぐなすことは極めて困難です。私たちが六波羅蜜の実践をできるようになるための手がかりとしてチベットで重視されてきたのが、インドのシャーンティデーヴァの著した『入菩薩行論』です（ソナム・ギャルツェン・ゴンタ、西村香『チベット仏教・菩薩行を生きる』チベット仏教普及協会）。

ゲシェ・チェカワから直接教えを受けたセ・チルブによる『七事の心の訓練法』の註釈書においても、チェカワが著したランリタンパの『八偈の心の訓練法』の註釈においても、『入菩薩行論』は頻繁に引用されています。

『入菩薩行論』の構造については、『入菩薩行論』を盛んに講義し、シャーンティデーヴァの生まれ変わりと謳われたパトゥル・リンポチェ（一八〇八〜八七）の、「宝のごとき貴き菩提心、生じていない人には生じますように、生じたならば減退することなく、ますます増大しますように」という菩提心の祈りに対応させた、実践的観点からの説明がよく知られています。

一章から三章までが「宝のごとき貴き菩提心、生じていない人には生じますように」に相当する、菩提心を生じさせるための章、四章から六章が「生じたならば減退することなく」に相当する、生じた菩提心が減退するのを防ぐための章、七章から九章が「ますます増大しますように」に相当する、菩提心を増大させるための章だとしています。十章は廻向の章です。

一方、空性を理解する智慧の獲得という観点からすれば、九章の智慧の章こそが中心的な章で、九章冒頭で「〔前章までの〕これら一切の支分は、牟尼が智慧のために説かれた。それゆえもろもろの苦を、滅することを望むなら智慧を生じさせよ」と説かれているように、その前の八章までは智慧を得ることを容易にするために利他の心を養う章という位置づけとなります。『入菩薩行論』には、九章本と十章本が存在し、古訳の九章本では、十章本の二章と三章がひとつの章となっているほか、自他の平等と交換の瞑想が置かれている場所などに違いがあります（斎藤明の一連の研究を参照。「シャーンティデーヴァ作『入菩薩行論』の伝承と変容」『古典学の再構築』八号、ほか）。セルリンパからアティシャに伝えられたのは十章本で、智慧の章の直前の八章で、自他の平等と交換の修習が説かれています。

†自他の平等・自他の交換

自と他の平等、最初はそれを努力して修習せよ。楽と苦は平等であるので、一切を自分のごとく守るべきである。（八章90偈）

自と他の両者は、同じように楽を望んでいる。私とどこに違いがあろうか。どうして自分のためだけに努力するのか。（八章95偈）

ある者の苦、それはその者によって防がれるべきなら、足の苦は手のものでないのに、ど

うしてそれ〔手〕でそれ〔足〕を防ぐのか。(八章99偈)

そのように心相続が慣れ、他者の苦をなくすことを喜ぶことにより、蓮華の池に〔潜る〕白鳥のように、無間地獄にも〔進んで〕入るようになる。(八章107偈)

多くを言う必要はない。愚人は自利をはかり、牟尼は利他をはかる。この二つの違いを見よ。自分の楽と他者の苦を、正しく交換しなければ、仏陀を成就できず、輪廻においても楽はない。(八章130、131偈)

自分も他人も、幸せを望み、苦しみを望まない点においては、まったく変わりありません。自分の幸せは望むのに、他人の幸せを望まない、というのはまったく理に合わないことです。もし、他人は自分とは無関係だから、というのであれば、足に怪我をしたときに、足ではない手で思わずそれを押さえることも、おかしなことになってしまいます。自分の幸せだけを望み、自分の苦しみだけを望まない、というのは、合理性に欠ける、単なる習慣性、慣れでしかありません。それが理解できたなら、他人の幸せを望み、苦しみを望まないよう新しい習慣性を作り出していけば、足に怪我をしたときに思わず手で押さえるように、自然に他の幸せを望み、苦しみをなくそうとすることができるようになります。そのような存在こそが、菩薩です。

シャーンティデーヴァは、自分の利益のみを考えてきた自分は依然として輪廻の苦しみの中にいるのに、利他のみを考えた釈尊はとうの昔に仏陀という最高の境地に到達している、それを見れば、利己と利他のどちらが自分に幸せをもたらすかは一目瞭然だ、と言います。

こうして欲しいものを手に入れ、嫌なものを排除するという、私たちの幸せを得るためにとっている方法が実は間違いであることを納得させ、利他という、一見自分の損に感じられるあり方こそが、幸せを得る方法であることを確信させていきます。

『入菩薩行論』八章では、最後に自他の交換が説かれていますが、これは、私たちが他人を捉える視点である、自分よりも優れていると捉えた時の嫉妬心、自分と同等と捉えた時の競争心、自分よりも劣っていると捉えた時の慢心の眼で、自分を見ることで、このようにして自分の他者を見る視点がいかに醜く恥ずかしいものであるかを実感させるものです。

こいつは尊敬され私はされない。こいつのように私には所得がなく、こいつは称賛され私は非難される。こいつは幸せで私は苦しんでいる。（八章141偈）

どうにかして私の徳性を、世間すべてに明らかにさせ、他方こいつの徳性は、誰にも聞か

れないようにしたい。(八章148偈)

このみじめな者が私と、張り合おうと言うが、こいつと学問や智慧や、容姿や種姓や財産で同じであろうか。(八章151偈)

このように心を訓練していくことによって、疑いようもなく存在していると考えてきた「私」が、探してみると、実はこれが私だと実体的に捉えられるものをどこにも見出すことができないということを理解し得る心の状態が作られます。

十章は廻向の章で、そこでは菩薩の実践が詩的に美しく描かれています。九章で空性を直接体験できた者にとっては、廻向の章は真の菩薩の実践を説く章となり、できなかった者にとっては、そうありたいという祈りの章となります。

仏陀の境地に至る実践と心の訓練法

空性の理解と利他の心は、言葉の上で考えると、矛盾、対立しているように聞こえるかもしれません。しかし、どちらも、その妨げとなっているのは、「私」「私の」という自己中心性です。

空性の理解と利他の心は相補的な関係にあり、私の実体視から解放されることによって、利他はより容易になり、利他の心を養うことで、私が実体を持たないこと（無我）を理解することは容易になります。

ナーガールジュナ『宝行王正論』は、仏陀の境地に至るための実践を、福徳（一切衆生に対する利他）を積むことと智慧（空性の理解）を積むことに要約し、前者を仏陀の色身、後者を仏陀の法身を得るための因としていました。『入菩薩行論』一章～八章は、福徳を積むための心の訓練で、『入菩薩行論』九章やナーガールジュナの『中論』は、智慧を得るためのものです。

ロジョン（心の訓練法）の中心である、勝義菩提心の修習としての無我の瞑想と、世俗の菩提心の修習としての自分の幸せを与え他者の苦しみを受け取るトン―レンの瞑想は、この大乗仏教の基本的な考えのエッセンスというべき実践なのです。

†心の訓練法と現代社会

このような心を養うための実践の手がかりとなるのも、実は、自分が幸せになりたいという思いです。自分の幸せを得たいという思いを他者も持っていることを理解することが、他者へのやさしさの基盤となるからです。ダライ・ラマ法王は次のように説かれています。

他の人を気にかける感覚を伸ばすときに土台となるものがあります。意外に思われるでしょうが、自分自身を愛せる能力が基礎となるのです。自分自身への愛情は、何も自分に恩義があるので生まれるのではありません。それどころか、自分を愛せる能力の根底にある事実は、人はみな本来、幸福を願い、苦難を避けたいと思っていることです。幸せになり、苦しみを避けたい欲求がなければ、自分を大事にすることはないでしょう。この事実にいったん気づけば、愛情をその他の有情の生き物に広げることができます。(『思いやりのある生活』)

一般的に仏教修行に携わる前は、目的や恩恵に目が向きます。あたりまえの話です。その段階を抜かして、ただあわれみを育めと言われても、たいていの場合、たいして中身のない人為的なものを育む結果になってしまいます。たとえば、あわれみを育むための昔ながらの仏教の方法では、有情のものひとつひとつが自分の母親であるかのような観点を作り出します。……なぜするのでしょう? それは、あらゆるものを自分の母親と見ることで、情愛、慈しみ、やさしさ、好意、感謝などの意識が生まれるからです。行動に移す理由が理解できれば、あらゆる有情のものが実は自分の母親かどうか確信できなくても、目的を見据えて恩恵を期待しながら、足を踏み出せるのです。(『なぜ人は破壊的な感情を持つのか』)

ここで言及されている伝統的な仏教の方法とは、『八偈の心の訓練法』7偈や『七事の心の訓練法』の「一切〔有情〕に大恩を瞑想しなさい」という言葉で説かれている、一切衆生を前世の母と識り、その恩に報いるという教えです。

伝統的な仏教の説明の前提となっている、果てしなく輪廻を繰り返しているという考えからすれば、今は何の関係もないように思われる生き物も、かつて自分の母として自分を育ててくれたことがあるはずであり、その恩に報いるべきだというのです。

この教えの核心は、自分が愛情を注がれた記憶を呼び覚ますことが、その相手に対する自然な愛情を蘇らせことにあります。仏教の実践はその自然な思いを、一切衆生に広げていくもので、義務として利他や自分を捨てることを強いるのではありません。

ただし、心の訓練法は元々秘訣として限られた人にのみ伝えられていた実践法であり、その実践においては注意すべき点があります。

ダライ・ラマ法王は、単に伝統的なものとして仏教を伝えていくのではなく、それが私たちの生活に役立つものなのか常に吟味する必要があるとして、継続的に科学者との対話をおこなっています〔心と生命会議〕。

その最初の頃の回〔第三回〕で、次のような指摘がありました。仏教では無我を説くが、現代社会では自分に自信を持つことができない自己嫌悪が深刻な問題であり、そのような者に無我を説くのは逆効果ではないか、というのです。

シャロン・ソルツバーグ　……ところで、猊下、西洋人によくみられる自己嫌悪という感情について、ご相談したいんです。……他者には愛情や慈悲を容易に感じることができるのに、自分にはできないんです。こんな人々に他者に対する自己犠牲を説いても、どんな意味があるというんでしょう。自己犠牲を強調すれば、真の思いやりを育てるどころか、自己蔑視や自己卑下を助長するだけなんです。猊下、もうひとつの問題感情は罪の意識なんです。幸福になりたいのに幸福ではないという意識はなくて、幸福にはなりたいけれど、自分には幸福になる資格がないと思うんですね。罪悪感が強くて、自分が幸福になることがまるで悪いことみたいに思ってしまうようです。こんな人々に思いやりや慈悲を説くときには、まず自分を愛することから入っていかないといけないんでしょうか。（『心ひとつで人生は変えられる』徳間書店）

それを聞いたダライ・ラマ法王は非常に驚き、傍らの通訳と議論して、通訳はチベット語には「自己嫌悪」に相当する言葉がなく、ダライ・ラマ法王には理解できない観念であると述べています。

ジョン・カバット＝ジン　驚かれたようですね。

ダライ・ラマ　ええ、かなり、ショックです。こころにかんしては詳しいほうだと思ってましたから。とても無知だったと痛感しています。私にはとても信じられない。低い自己評価というのはいったいなにが原因なのですか。それは神経の障害ですか。自己軽視の原因はたんに生理学的なものですか。（同前）

この議論は、「最後に、先ほどのシャロンの質問にお答えしましょう。思いやりを教えるには、まず自分を愛することからはじめるべきかどうか、仏教の修行ではそれがおこなわれているか、ということでしたね。答えはイエスです（笑）。」と、伝統的な仏教の実践が「人間に生まれたことの貴さ」の自覚から始まることが紹介されて締めくくられています。

『七事の心の訓練法』にも「最初に、前行を実践しなさい」とあり、セ・チルブ註によれば、前行の内容は、八有暇十円満を具えた人間の生を得たことの有意義さを考えて、「暇満を得ても人生に余裕はなく、来世に善悪二つにより楽苦を享受するので、これ（心の訓練法）が最高の善行である。輪廻を解脱する道においても、これより甚深なるものはない。自他の利益のために仏陀の境地を得る因の最高のものもこれである」と考えることとです。暇満を具えた生とは、単に人間として生まれるだけでなく、仏教の教えを受けそれを理解する知性を持つことを意味しますが、これは仏教を価値あるものと考えて、他の宗教を低く見るものではなく、この教えを聞いたり読んだりする人は実際には皆、その条件に当てはまっています。

現代社会で自己嫌悪など、自分に対して肯定的に捉えることができない人が多い理由としては、生まれた直後の一定期間における母親との身体接触の不十分さが原因であることが指摘されています。チベットや昔のインドは環境的に厳しく、もし母親が子育てを放棄したとしたら、その子は生きのびることができないでしょう。そのような指摘を受け、現在のダライ・ラマ法王の海外講演では、幼児期における子供への愛情と身体的接触の重要性が強調されています。

ソギャル・リンポチェ『チベットの生と死の書』(講談社)は、仏教の死生観の現代的意義と伝統的な修行法を踏まえた心のケアの方法を説き、欧米でロングセラーとなった本です。その十二章でトンーレンが説かれていますが、その説明をみると、これまで見てきた心の訓練法の裏づけとなっている仏教の理論と、現代人の置かれている状況を十分理解した上で、アドバイスがなされていることがわかります。

詳細は同書を参照していただきたいと思いますが、ソギャル・リンポチェは現代人の心の問題として、十分な愛情を受けてこなかったという思いが他への愛情を阻害しているとし、十分ではなかったかもしれないが、過去に誰かが愛情をかけてくれたことをありありと思い出し、再びそれを味わうことで、相手への自然な愛情を呼び覚ますことを勧めています。

伝統的な説明では「母」とありますが、母親から虐待を受けた人には一切衆生を母と思えと説くのは逆効果ですし、ダライ・ラマ法王も説かれていたように、重要なのは衆生が本当に前世で母だったかどうかではなく、自分が愛情を受けたことを思い出して相手への自然な愛情を呼びさまし、それを一切衆生に広げていくことにあるからです。

また、黒い煙として他の苦しみを吸い、息を吐く時には自分の幸せを白い光として与えると考えるというトンーレンの実践においても、他者へのトンーレンに先立って、傷ついた自分を思い浮かべ、その苦しみを吸うという形で実践することを勧めています。

伝統的な仏教の教えが「人間に生まれたことの貴さ」から始まるのは、それが利他の実践の基盤となるものでもあり、様々な前提を抜きに考えることができる智慧の獲得だからでもあります。最近では外国でも知られるようになりましたが、昔、海外にでかけ、他のアジアの国の仏教徒と話をした際に、日本では自殺者の多さが深刻な社会問題になっているというと、一様に驚かれました。当時の彼らのイメージでは、日本は経済的に発展した、彼らの目指す幸せが実現しているはずの国だったからです。

以前、話題になった本として『世界がもし100人の村だったら』(マガジンハウス)があります。これは世界の人口におけるパーセンテージを百人の村のなかの村人の数として示したものので、餓えたことがないとか、戦争に巻き込まれたことがないというだけで、百人の村人の中では少数派になってしまいます。大学に通うとか、自分用のパソコンを持つなどになると、百人の村人の中で一人の村人だけが得られている幸運になります。

しかし私たちは、それを幸運だと認識することはまずありません。あれが欲しい、これが嫌だ、そういう思いで一杯で、苦しみの中にいます。それは対象をよいもの・わるいものと捉え、それを手にいれたい・排除したいと思う無知な心に起因するものだと仏教は説きます。

この無知を晴らすには、仏教のあれこれを信じる必要は必ずしもありません。輪廻や因果などを信じず、地獄や天の世界などなく、生き物は自分の認識できる人間や動物や魚や虫だけで、自分が人間として生まれたのも、前世のおこないなどによるのではなく、単なる偶然だと考えたとしても、他の生き物たちの状況と比べれば、自分の今のあり方があらゆる生き物の中で極めて稀な恵まれた状態であることを認めざるをえません。

現代社会の深刻な問題のひとつとして、いじめがあります。いじめられている子供達に、「私を一切より劣ったものと見」ろとか、「損失を私が引き受けて、勝利は他者に捧げ」ろというのは逆効果です。しかし、いじめをなくすことが叫ばれてはいますが、そういっている大人の社会にもいじめはあり、いじめをなくすことなどできないことは誰もがわかっています。特に、欲しいものを手に入れるという思いをかき立てることによって高度な発展を遂げてきた消費社会においては、自分の欲望を満たすことが肯定され、そのために他者を道具、物としてみなすことを恥ずべきこととする声はかき消されがちです。必要なのは、どんなにいじめに遭っても、周りから無視されても、それで自分に生きる価値がないのだと思ってしまわない心を作ることです。

日本には長い仏教の伝統があるため、仏教とはこういうものだという固定概念が強く、かえって欧米のような仏教の生活への活かし方をすることがむつかしいのかもしれません。しかし、現代の私たちが直面している様々な問題を考える手がかりとして、これまで述べてきた仏教の苦しみと幸せに対する考え方と実践法は、ひとつの手がかりとなるのではないでしょうか。

第五章

仏教の実践

1　やさしい心を育てる

仏教では、「慈悲」は仏教徒の義務のようなものではなく、あらゆる人のなかには自然なやさしさの種が備わっており、それを自分自身で見つけ、覆いを取り除けば、自然と美しい花が開く、と説いています。

どんな親でも、自分の子がやさしい子供に育ってほしいと願わない親はいないでしょう。しかし、やさしい子供が育つには、その親がやさしい親である必要があります。それは必ずしも、欲しいものは何でも買ってあげて、絶対叱らない、ということではありません。怒ることと叱ることは、まったく違います。仏教の考えでは、怒りは煩悩で、自分自身の感情をコントロールできず、それに振り回され、相手にぶつけてしまうことです。相手のためを思って、よくないこと、危険なことを叱ることとは、それとは違います。

仏教には不動明王のような恐ろしい顔をした仏様がいらっしゃいます――安土桃山時代に日本を訪れた宣教師が誤解して、日本では悪魔崇拝がおこなわれていると報告したほどです――が、不動明王は、怒っているのではなく、衆生の間違いを気づかせるために、あえて恐ろしい顔をしているのです。仏様というのは、一切の煩悩から離れ、どんな生き物に対しても無条件の慈悲を注いでいる存在です。不動明王の恐ろしさは、慈悲の現われです。

子供が危険なことをしたり間違ったことをしているのに、それを放任したら、その子供自身に悪い結果が生じます。そうならないよう叱るのは、愛情です。しかし、子供にこうなってほしい、と自分の願望を投影し、子供が思い通りにならないからといって腹を立て、怒りをぶつけるのは、煩悩です。子供は怖がって行為を改めるかもしれませんが、それは親が怖いからであって、自分が間違っていたことに気づいて、自分の行為を改めようと思って、悪いことをしなくなったのではありません。

†やさしさと自分を肯定できること

やさしい親というのは、子供の存在を全肯定できる――子供がいい子供であろうとわるい子供であろうと、決して見捨てたり裁いたりすることのない、子供にその場にいていい、という安心感を与えてあげる存在です。恐怖で縛ることとは正反対です。

それができるためには、その親自身が自分の存在を肯定している必要があります。しかしそれは、現代社会においては必ずしも容易なことではありません。なぜなら、現代社会は常に物を欲しがりつづけることによって発達した社会で、人は、常に満たされず、新しいものを欲しがりつづけるよう仕向けられているからです。

真に満たされた感覚がないまま育ってしまうと、新しい自分の家庭——配偶者や自分の子供こそが自分の願望を満たしてくれる存在だと過剰に期待し、その通りにならないと、傷つき、腹を立て、暴力をふるってしまいます。それがＤＶ（家庭内暴力）や幼児虐待です。

†今の自分の幸運さに気づくことが仏教の出発点

意外に思う人もいるかもしれませんが、今の自分は実はきわめて幸運な状態にいるのだ、と気づくことが、仏教の出発点です。三帰依文には、「人身受け難し、いま已に受く。仏法聞き難し、いま已に聞く。この身今生において度せずんば、さらにいずれの生においてかこの身を度せん。大衆もろともに、至心に三宝に帰依し奉るべし」とあります。

どんなに貧しくても、病気がちだとしても、私たちがこうやって人間に生まれていることは、あらゆる生き物の中で例外的で、きわめてラッキーなことなのです。

もし魚に生まれたとしたら、何千と生まれた卵のなかで成魚まで育つのは一、二匹です。私は不幸だ、生きていても何ひとついいことはない、と考えている人でも、成人式に出てみたら、小学校の何百人かの同学年で、成人式を迎えたのは自分ひとりだった、とか、出身地の都市でひとりしかいなかった、ということはないでしょう。

無数にいる蟻たちは、私たちが踏みつぶしたり、殺虫剤をかけたりしたら、何十、何百もが一度に死んでしまうような小さな存在です。でもそんな蟻でも、よく観察してみると、餌が落ちていたらそこに集まって必死にそれを運び、水が流れてきたら必死にそこから逃げようとします。苦しみを厭い、幸せを望むことは、私たちとまったく変わりません。そうやって考えていくと、当たり前で、何の価値もないと思っていた私たちの生は、生き物の中できわめて例外的で、それを得る確率は、宝くじの一等があたるよりも低い、ということを認めざるをえません。

自分が生きていることに何の意味もない、と考えている人が無常の教えを聞いたとしたら、すべてはむなしい、生きていてもしょうがない、と考えてしまうかもしれません。しかし、自分がこうやって人間として生きていることは、それだけで幸運で、得難いことだということが実感できた人が聞いたら、この好機は永遠に続くものではない、なんとかしてこの好機を生かしたい、と考えるでしょう。

同じ教えでも受け取り方はまったく異なり、だからこそ、仏教ではどういう順番で学ぶかがとても重要で、その出発点になるのは、自分がこうやって人間として生きていることは極めて得難く、幸運なことなのだという「事実」を認識することです。

†覆いとしての無明

私たちがこの「事実」を認識することを妨げているのは、自分が得ているものには関心を向けず、持っていないものこそが価値があり、大切なものだと考えてしまう、間違った捉え方です。仏教ではそれを「無明（無知）」と呼びます。無明こそが、私たちが幸せを望み、誰も苦しみを望まないにもかかわらず、苦しみに陥ってしまう真の原因なのです。

そのため、健康だけれど貧しい人は「自分はお金がないから不幸だ」と考えて自分の健康の価値には気づきません。何百億円持っていて不治の病に冒されている人は、その健康が手に入るなら、いくら払っても惜しくはないと考えるのに、です。

毎日学校に行く子供は、「毎日学校に行くのは嫌だ、学校のない世界に生まれたい」と考えるかもしれません。世界にはまだまだ貧しく、子供も働かなければならず、学校にやる余裕はないという地域も少なくありません。そういう子供は働きながら、毎日学校に通うことを夢見るでしょう。そうである限り、どんな状態になったとしても、どんなところに生まれても、常に不幸で、満たされることはありません。それが輪廻の苦です。

2　いかにして幸せになるか

†仏教は無我思想か？

仏教は無我の思想だとよく言われますが、これは誤解を招きやすい言い方だと思います。伝統的な仏教理解では、釈尊は一律の教義を説いたのではなく、相手に合わせて異なる教えを説いたとされています。ナーガールジュナ（龍樹）も『中論』の中で「もろもろの仏は「我（が有る）」とも仮説し、「我が無い（無我である）」とも説き、「いかなる我も無く、無我も無い」とも説いている」（十八章6偈）と述べています。

これは場当たり的に適当なことを述べるというのではありません。仏教は、「私」を手がかりとして私を越えていく、巧みな方便を用いる教えなのです。

†利他の心で自分が幸せになる

ダライ・ラマ法王は、教えを説かれる際に、まず、人生の目的は幸せになることで、宗教は幸せを獲得する手段のひとつだと言われます。

では、仏教では、どのようにして幸せを実現していくのでしょうか。仏教では慈悲や利他の心を説きますが、人によっては、それでは幸せになるのは他の人や生き物で、自分は幸せにならないのでは、と思われるかもしれません。あるいは、仏教は「無我」の教えだから、自分を捨てなければならないのだ、と。しかし法王は、ご自身の経験からも、それは間違いだと断言されます。

あわれみや慈しみの心を育むのは、他人のために行う、世界に対する捧げ物、という印象を受ける場合が往々にしてあります。ですが、それでは表面的にしかとらえていません。自分で体験して感じたのですが、あわれみを実践すると、他人に対してではなく自分に対して直接のプラスとなるのです。自分自身には一〇〇パーセントのプラスになりますが、他人にはその半分でしょう。ですから、あわれみを実践する主な理由は、自己の利益のためなのです。(『なぜ人は破壊的な感情を持つのか』)

仏教の慈悲の心が自分にとって一〇〇パーセントプラスになるというのは、次のようなメカニズムによってです。

仏教を信じようと信じまいと、慈悲の心を持とうと持つまいと、その人に不幸や困難が訪れることはあります。私たちは関係の中で生きている以上、それを逃れることはできません。その時、もしその人が自分のことだけを考え、自分の利益のみを追求している人だったら、その不幸は、すべてを奪い去るものとして感じられるでしょう。もうこれ以上生きていても無駄だと考えるかもしれません。それに対して、慈悲の心を持ち、利他を考える人にとっては、まったく同じ不幸や困難が訪れたとしても、それは自分の問題関心のごく一部でしかありません。ちょうど、底の浅い船は少しの波でひっくり返ってしまうのに対して、底の深い船は大波が来ても転覆しないようなものです。

自分のことだけを考えているときには、現実を見る焦点は狭まり、そのために不愉快な物事が大きく映り、恐怖や不快やみじめさに打ちのめされたようになります。ところが、他人を気づかって思いやれば、視野は広くなります。広くなったものの見方の範囲内では、自分自身の問題はそれほど重要でないように映ります。これが大きな効果を生み出すのです。他者を思いやる感覚を持てば、自分自身の難局や問題にかかわらず、その人は一種の精神的な強さを示すことでしょう。精神的に強くなると、自分の問題の重要性は薄れ、厄介なものではなくなります。自分自身の問題を超越して進み、他の人を大事にすることによって人は精神的強さや自信、勇気、安定感を得るのです。(『思いやりのある生活』)

ダライ・ラマ法王が、講演の質疑の時間に、不幸な境遇を訴える人に対して、「視野を広く持つと効果があるかもしれません」と勧められるのは、このためです。

†利他の心の手がかりは、幸せになりたい自分の気持ち

では、どのようにして他に対する慈悲の心を養っていくのでしょうか。

ダライ・ラマ法王はよく、幸せを望み苦しみを望まないことは、自分も衆生も変わりがない、と説かれます。幸せになりたいという自分と同じ思いが衆生にあることを認めるのが、仏教の慈悲の心です。

実際に他に対する慈悲の思いを心の中に生じさせ、それを一切衆生に広げていく時に手がかりとなるのも、自分が愛されたという思いです。それは「一切衆生を前世で母であったと考え、その恩に報いる」という教えですが、チベット特有のものではなく、日本仏教の伝統(例えば『歎異抄』)においても説かれていたことです。

この教えの核心は、自分が愛情を注がれた記憶を呼びさますことが、その相手に対する自然な愛情を蘇らせことにあります。仏教はその自然な思いを、一切衆生に広げていきます。義務として利他や自分を捨てることを強いるのではありません。

とはいえ、これを現代社会において実践する上では、注意すべきことがあります。それは幼児虐待の問題です。この教えの本当のポイントは、相手が母親かどうかではなく、愛情を受けたことを思い出すことにあります。虐待をしてしまう親は、実は自分も虐待を受けていた、ということがよく言われます。愛されなかったという思いが、他への愛情を阻害するのです。しかし、人間は生まれ落ちた時点では、一人で生きていくことはできません。親に十分愛されなかった人でも、誰かしら手を差し伸べた人がいたはずです。その人の愛を思い出すこと、それが鍵なのです（実践においては、ソギャル・リンポチェ『チベットの生と死の書』十二章を参考にされることをお勧めします）。

私の幸せを妨げているのは、私だけにこだわる視野の狭さです。それを広げることができるのが慈悲の心で、それを育むためには、自分が愛情を受けたことを思い出して相手への自然な愛情を呼びさまし、それを広く一切衆生に向けていくことが必要です（本書第四章3）。

日本でもチベットでも、伝統的な仏教の実践階梯の最初の教えは、「人間として生まれたことの貴さの自覚」です。仏教の実践はここから始まります。

3　帰依・四無量心・廻向

†帰依のお経

チベットの教えを学ばれている方は、この帰依のお経は、よくご存じだと思います。

サンゲー・チュー・タン・ツォク・キ・チョー・ナム・ラ
　仏・法と、最高の集まり（＝僧伽）に
チャンチュプ・バルドゥ・ダク・ニ・キャプスチ
　菩提に至るまで、私は帰依します
ダク・ギー・ジンソク・ギーペー・ソーナム・キー
　私が積んだ布施などの福徳によって
ドラ・ペンチル・サンゲー・ドゥッパル・ショク
　衆生の利益のために仏陀を成就しますように

これは、特別な帰依、といわれているものです。なぜ、特別かというと、伝統的に仏教は医学的発想の教えと言われますが、どの程度その人が苦しみと理解し、なくしたいかで、治療、帰依の期間は変わってくるからです。地獄などの悪趣の苦しみを避けたい人は、天に生まれることや再び人間に生まれるまでが、帰依の期間になります。輪廻からの解脱を望む人にとっては、一時的には死ぬまで、究極的には解脱するまでが帰依の期間です。このお祈りでは、「菩提」、つまり自分が仏陀の境地に至るまで帰依します、と言っています。仏陀になるまでには、生まれ変わりを繰り返し、三阿僧祇劫(あそうぎごう)という長い期間を必要とするといわれますが、その間ずっと、というのですから、これは特別な帰依なのです。

自分が仏陀になるのは、衆生の苦しみを救うためです。どこまでを苦しみと理解し、そこから救われたいと願っているかは様々ですから、一切衆生を苦しみから救うには、それぞれに合わせて解放の道を示すしかありません。それは仏陀となった釈尊がなさったことです。ですから、目的が一切衆生の苦しみを救うことで、その手段が自分が仏陀となること、です。

また、一足飛びに仏陀の境地を目指すことも困難です。自分自身が悪趣を望まないだけでなく、輪廻を苦と捉え、そこから解放されたいと願い、実践していなければ、抜け出す方法もわからず、衆生を輪廻の苦から救うというのは単なる言葉だけのものになってしまいます。

この帰依の祈りは、チベットに招かれたアティシャが作られたもので、これらのことはアティシャの『菩提道灯論』に説かれています（本書第四章2）。

密教の修行法は、仏陀となるためのものですから、衆生の苦しみを救うために仏陀になろう、という動機がなければ、実際にその実践を続けていくことはむつかしいでしょう。かなり昔、最初に日本にチベットの仏教を紹介しようということになった時に、ダライ・ラマ法王は当時の法王事務所の代表に、「チベットの教えを紹介するなら、『入菩薩行論』から始めなさい」とアドバイスされたそうです。その方は、当時の日本では若者の間で神秘体験や超能力を期待する密教ブームがあり、日本人が関心を持つのは密教で、『入菩薩行論』では人は来ないだろう、と思ったそうですが。

†四無量心のお経

続けて、四無量心のお経をお唱えします。

セムチェン・タムチェー・デワ・タン・デウェー・ギュー・タン・デンパル・ギュルチク
　一切有情に楽と楽の因がありますように
ドゥンゲル・タン・ドゥンゲルギ・ギュー・タンー・デルワル・ギュルチク
　苦と苦の因と離れますように

ドゥンゲル・メーペー・デワ・タンパ・タン・ミデルワル・ギュルチク
　苦の無い清浄なる楽と離れませんように
ニェリン・チャクダン・ニー・タン・デルウェー・タンニョム・チェンポ・ラ・ネーパル・ギュルチク
　遠近・貪瞋の二（元的把握）と離れた大平等に住しますように

これは、それぞれ一切衆生の幸せを祈る慈しみの心（慈）、一切衆生が苦しみから解放されるようにと祈るあわれみの心（悲）、一切衆生の幸せを随喜する喜びの心（喜）、自分の敵であるか味方であるかといった二元論的把握を離れた平等心（捨）の祈りです。

四無量心については、阿含経典のなかでも説かれており、それによって梵天の世界に生まれることができるというので、四梵住とも呼ばれています。

しかし、ここでの四無量心は『般若経』のような大乗経典で説かれているもので、菩提心の祈りです。その違いは、最後の平等心（捨）にあり、単なるニュートラルな心ではなく、すべての衆生に対する、という意味で、それを前提として、慈しみ・あわれみ・喜びの心をおこしていきます。

これについては、西洋社会で教えが説かれる際、実際にはすべての生き物と関わることはないのだから、非現実的な理想論ではないか、と疑問が出されることがあるようです（『思いやりのある生活』）。

それに対して、ダライ・ラマ法王は、この祈りが条件で左右されないものであることに注意を促しています。

実際に自分が接している家族や友人に対する慈しみやあわれみは、離婚するなどして家族でなくなったり、けんかをして友人だったのが敵となった場合など、条件が変わると変わってしまう、不安定なものになってしまいます。

それに対して、一切衆生に対する慈しみやあわれみは、その対象が友達になろうと敵になろうと、一切変化することのない、安定したものになります。条件に左右されない心を作るのが、この大乗の四無量心の要点なのです。

†ディクン・カギュ派の帰依のお経

ディクン・カギュ派では、次のような帰依のお経を唱えます。これは開祖のジクテン・スムグン（一一四三〜一二一七）がお作りになられたものです。

ダク・ラ・タンワル・チェーペー・ダ

私に怨みをなす敵、
ヌーペー・チェーペー・ゲク
妨げをなす魔、
タルパ・タン・タムチェー・キェンペー・バルドゥ・チューパル・チェーパ・タムチェー
キ・ツォ・チェーペー
解脱と一切智に至るまで、妨げとなる者すべてを主とする、
マ・ナムカ・タン・ニャンペー・セムチェン・タムチェー・デワ・タン・デン
母なる虚空と等しき一切有情が安楽を具え、
ドゥンゲル・タン・デル
苦しみを離れ、
ニュルドゥ・ラナメーパ・ヤンダッパル・ゾクペー・チャンチュプ・リンポチェ・トッパル・ジャ
すみやかに無上正等覚の宝を得ますように。

ここでは、自分に怨みや災いをなす者たちのために自分が仏陀の境地を目指すことが強調されています。「衆生の利益のために」と言う時、そこには自分の敵や魔が含まれています。も

し、一人でも、こいつだけは救いたくない、こいつだけは苦しむといい、と思ってしまうと、衆生のために仏陀を目指そう、という誓いは壊れてしまいます。

実際、阿羅漢となったシャーリプトラ（舎利弗）は、前世では仏陀の境地を目指しており、婆羅門（バラモン）にお前の目が欲しいと言われて、彼は菩薩だったので望みどおり目をくり抜いて与えたところ、「キラキラしていたから欲しいと言ったのだけど、こんなの血まみれで汚い、いらないや」とその場で捨てて足で踏み潰され、こんな奴は救いたくない、と菩薩の道からはずれてしまった、と言われています（『入菩薩行論』の中でシャーンティデーヴァが言及しています。中国・日本の伝統では『大智度論』に説かれていることで知られています）。

ディクン・カギュ派の高僧ガルチェン・リンポチェは、この祈りの重要性を強調されています。もちろん、普通のお祈りでも「衆生」には敵や魔も含まれているわけですが、静かなところで「一切衆生のため」と祈るのは簡単ですが、自分に害を与えるものを具体的に思い浮かべてその幸せを祈るのは困難で、しかもそうしなければ正しい修行にはならないのです。

ガルチェン・リンポチェが、この一冊に仏陀の教えがすべて含まれている、これを一回唱えれば大蔵経すべてを唱えたのに等しいとおっしゃる『三十七の菩薩の実践』は、『入菩薩行論』の有名な註釈書を書かれたトクメー・サンポが、仏陀の境地に至る実践を三十七の短い詩にまとめたもので、そこでは衆生のために仏陀の境地を目指そうと菩提心をおこした（10偈）後、一人でも救いたくないという例外を作らないための心の訓練が説かれています（12〜21偈）（本書第七章7）。

†廻向

大乗仏教の実践では、真言ひとつ唱えるなど、どんな善行をおこなった時も、必ずそれを一切衆生のために廻向すべきことが説かれます。

仏教では因果応報を説きますが、どんな善行も、それによって幸せな結果が得られたら、それで終わりになってしまいます。しかし、それを一切衆生が苦しみを完全に離れ、仏陀の境地に至るために廻向すれば、それが実現するまでその善行は決して失われることはない、と言います。それはちょうど、一滴の水を大海に注いだら、大海全体が干上がるまで、その一滴の水が失われることはないようなものです。

現代の師は、廻向はちょうど貯金のようなもので、お金を得ても使ってしまえばなくなるが、銀行に貯金すれば、元金は失われず、利子を生み出し続ける、と説かれます（金利の極端に低い今の日本では、あまり説得力を感じない喩えかもしれませんが）。その際、自分の積んだ善行だけでなく、過去・現在・未来の仏菩薩の善、世俗のよきおこない、それらすべてと一緒に廻向するのが重要だと説かれます。

†ディクン・カギュ派の廻向の祈り

ジクテン・スムグンの作られた廻向の祈りには、次のようにあります。

ダク・タン・コルデー・タムチェー・キ・ドゥースム・ドゥ・サクパ・タン
　私と輪廻と涅槃の一切が、三世に積んだ、および
ユーペー・ゲワ・ツァワ・ディー・ダク・タン・セムチェン・タムチェー・
　備わっている善根、これによって、私と一切有情が
ニュルドゥ・ラナメーパ・ヤンダッパル・ゾクペー・チャンチュプ・リンポチェ・トッパル・ギュルチク
　すみやかに無上正等覚の宝を得ることができますように。

ガルチェン・リンポチェは「備わっている善根」という言葉に注目し、これは心の本質、仏性のことを説いている、とおっしゃっています。もし衆生に仏性が備わっていないのなら、一切衆生が仏陀となりますように、という祈りは現実味のない話になってしまいます。

仏性は、仏教でもきわめて理解がむつかしい話で、チベットの伝統でも様々な議論がありま

すが、仏性を認めなければ、廻向の祈りは成り立たないのです。

†心と心の本質（仏性・如来蔵・菩提心）

ある宗派では、仏性の教えを「未了義」としますが、それは日本の学者が誤解したような、間違った教えだ、ということではありません。

一切衆生に仏性が備わっていれば、私にも仏性、心の本質が備わっているわけですが、「私」「私の」というのは心の捉え方で、それを離れたのが心の本質、仏性です。ですから、「私の仏性」と思っているかぎり、仏性は理解できない、仏性とはそのようなもので、それを「仏性の教えは未了義」だと言っているのです。仏性のことを「如来蔵」とも言いますが、それは「私」「私の」という思いから完全に解放された仏陀の境地に至った時に、一切衆生に備わっていることがはっきり理解できるものだからです。

日本のチベット仏教に関心ある方で、ゾクチェンやマハームドラーといった奥義に関心をもつ人は多いですが、それらは心の本質を知り、その境地にとどまる実践です。しかし「私の心の本質を知りたい」と思っているうちは、真の心の本質に気づくことはむつかしいでしょう。心の本質を知る、ということは一切衆生に仏性が備わっていることを理解することで、菩提心をおこさず、自分の敵や魔は苦しめばいい、と思っている限り、仏性を理解することはできないでしょう。

逆に、もし心の本質を理解することができれば、自分に危害を加える者は、彼らにも仏性が備わっているにもかかわらず、それに気づかずに苦しんで害を与えているわけですから、努力しなくても自然に慈悲の思いが湧き起こってくるでしょう。

来日されたカムトゥル・リンポチェは、勝義（究極の）菩提心と世俗（相対的な）菩提心の違いを尋ねられ、「究極の菩提心とは聖者である菩薩の心で、彼らは放っておくと良いことをしてしまい、努力しないと悪いことはできません。それに対して私たち初心者は、放っておくと悪いことをしてしまい、努力しないと良いことはできません。しかし努力することからはじめるしかない、それが世俗の菩提心です」と説明されていました。

トゥルシク・リンポチェ

†密教の灌頂＝曼荼羅に入るということ

ダライ・ラマ法王のゾクチェンの師だった故トゥルシク・リンポチェの写真をご覧ください。これは私たちの仏性を拝まれているところです。心の本質をさとった方にとって、私たちも実は仏陀であり、しかし私たちはそのことに気づいていません。それにはやく気づきますように、と祈られているのです。

密教の灌頂では、私たちは自分を仏の姿に観想して、曼荼羅の中に入りますが、その真の意味は、私たち衆生が仏陀として映っている師の瞑想の境地に引き入れていただいて仏性に目覚める、ということなのです。

数年前、ある所で空海『秘蔵宝鑰（ひぞうほうやく）』の勉強会をおこないましたが（その内容をまとめたのが『空海に学ぶ仏教入門』ちくま新書）、昔はちんぷんかんぷんだった弘法大師の教えが、少しは何のことかわかるようになったのは、多くの師のおかげ以外の何物でもありません。

4 『入菩薩行論』と心の訓練

†シャーンティデーヴァ『入菩薩行論』

数十年前、これから日本にチベットの教えを紹介しようという時に、ダライ・ラマ法王は当時の法王事務所代表に、日本にチベットの教えを紹介するなら、『入菩薩行論』から、と指示されたそうです。二〇一六年春、ようやく大阪で、ダライ・ラマ法王による四日間の教えが実現しました（YouTube で公開）。

『入菩薩行論』は、古代インドのシャーンティデーヴァの著作で、『菩提行経』の名前で漢訳されてもいるのですが、訳に問題が多く、中国・日本の伝統ではほとんど知られてきませんでした。

仏教は、多くの人が疑っていない、私がいて私が捉えたとおりに世界があるという捉え方に、苦しみの真の原因をみる教えです。苦しみからの解放のためには、自分の物の見方を変えていく必要があり、そのための実践が仏教の修行です。

阿含経典は、私と世界を実体視している凡夫が、どのようにして苦しみから解放されるかについて説いています。それに対して大乗経典は、苦しみから完全に解放された仏陀の境地や、それに至る菩薩の実践について説いた教えです。大乗仏教の実践法とされる六波羅蜜は、釈尊の前世物語（ジャータカ）に基づくもので、まだ私と私が捉えた世界を実体視している凡夫には、実践することの困難なものです。

では、実体視に捉われている凡夫が仏陀の境地を目指すためにはどうすればよいのか。『入菩薩行論』は、経典では主題的に扱われていないこの問題についての数少ない手がかりとして、インド・チベットの伝統で重視されてきました。

チベットには、インドから招かれた高僧アティシャが、一人の弟子だけに秘かに教えたとされる心の訓練法（ロジョン）が伝わっています。トゥルシク・リンポチェは、ゲシェ・ランリタンパ『八偈の心の訓練法』が心の訓練法の短い教え、トクメー・サンポ『三十七の菩薩の実践』が中程度の教え、『入菩薩行論』が長い教えと説明されていたそうです(Rigpawiki の記事)。

心の訓練法は、呼吸を用いて自分の幸せを与え、他の苦しみを受け取るトン―レン(直訳すると、与え―受け取る)と、無我の瞑想を二つの柱とする実践法ですが、現在チベットで用いられている『入菩薩行論』のテキストに重ねると、自他の平等や交換を説く八章がトン―レン、空性の智慧について説く九章が無我の瞑想に対応しています。

『入菩薩行論』が心の訓練を説く実践的なテキストであるということは、言い換えると、『入菩薩行論』は一定の視点から教えを説いているのではなく、教えの中で視点が変化するということでもあります。

文献的に読むだけでなく、実際にその教えを実践し、身につけた師から解説を受けなければ理解することがむつかしいのは、このような教えの性格と関わっています。

†『入菩薩行論』の語り口

以前に説かれていないものをここで説くことなどなく、私には文才もない。それゆえ私は他人のためになるようにとは考えない。ただ私の心の訓練のためにこれを著した。私が善をおこなおうとすること、これによって私の信心は一時的に強くなるであろう。私と同等の人が、これを見るならば、その人たちにとっても意味のあるものとなろう。（一章2・3偈）

『入菩薩行論』は実践を義務として押しつけるのではなく、あくまでも自身の心の訓練のためのもの、というスタイルをとっています。山の頂上から人々に命令、指示するのではなく、著者自身が頂上を目指して山を登りながら、自分自身に言い聞かせる、そういう語り方のテキストなのです。

†菩提心をおこす

第一章では菩提心の利益が説かれます。菩提心のすばらしさを理解しなければ、自分もそれを起こそうということにはなりません。それに納得したうえで、第二・第三章で、実際に菩薩の誓いを立てる段階に進みます。

以前、如来たちが、菩提心をおこし、学処、それらを順序をおって学ばれたように。〔私も〕そのように、衆生の利益のために、菩提心をおこし、そのように学処を順序をおって学ぼう。（三章23・24偈）

釈尊が仏陀となったのは、インドの王子として生まれた生の修行だけによってではありません。釈尊の前世物語（ジャータカ）には、釈尊が前世におこなった他の生き物を助けるための様々な善行が記されています。大乗仏教の実践法とされる六波羅蜜（布施・持戒・忍辱・精進・禅定・智慧）は、ジャータカに記されている釈尊の前世における実践内容をまとめたものです。

釈尊もそうやって仏陀になったのですから、私たちが仏陀の境地を望むのであれば、釈尊をはじめとする過去の仏陀たちがおこなったように、菩提心をおこし、菩薩の実践である六波羅蜜を、段階的におこなっていく必要があります。

そのことを理解して、過去・現在・未来の十方の仏菩薩の前で、誓いを立てます。

その際、仏菩薩たちが自分の前にいらっしゃると観想しますが、自分が観想したものに誓いを立てるわけではありません。しかし私たちは無明ゆえに仏陀の姿を見ることができません。仏陀は一切智者ですから、私たちをはっきり見ることができます。そのため、仏陀たちを意識する手がかりとして、観想をおこなう必要があるのです。

†心の訓練の必要性

誓いを立てても、自ら実践しなければ、仏陀の境地に至ることはできませんが、ここで問題があります。六波羅蜜は釈尊の前世物語に基づいていて、たとえば布施波羅蜜の元になってい るのは、釈尊が前世で飢えた虎を救うために自分の体を与えた（捨身飼虎）などの物語ですが、それは「私」の実体視に捉われている、今の私たちには実践困難なものです。『入菩薩行論』は、今ただちに捨身をおこなうことを戒め、まずそれを可能にするための心の訓練を説きます。

慈悲心が清浄でないならば、このからだを布施してはならない。（五章87偈前）

〔仏は〕野菜などの布施に導くことで、まず〔布施を〕行ずることを教えられる。それに慣れれば、後には次第に自分の肉体も布施できる。あるとき、自分のからだを野菜などと同じだとする心が生じる。そのとき、肉体などを与えること、どうしてそのことに困難があろうか。（七章25・26偈）

今の私たちは「私」の実体視に捉われていますから、『入菩薩行論』はそれを前提として、心を訓練していきます。

まず、起こした菩提心を捨ててしまうことの不利益を考えて、菩提心が衰えるのを防ぎ（第四章）、これまで自分が悪をなして苦しみに陥ってきた原因が自分の心にあることを理解して、仏の眼を常に意識することによって、自分の心が勝手に煩悩をおこしてそれに振り回されることを抑制します（第五章）。

仏や菩薩たちはつねに妨げられず、〔一切を〕よくご覧になっている。私はつねにそれらすべての〔方がたの〕眼の前にいるのだと、考えて、恥と尊敬と怖れを持つならば、それにより、〔その人には〕仏の憶念もまた何度も生じるであろう。（五章31・32偈）

そして煩悩のなかでも、怒りの心がいかに自他に有害であるかを考えて、忍辱の心をおこします（第六章）。

この人としての生は永遠に続くものではありません。それを考えて精進に励みます（第七章）。

輪廻が果てしなく続いているということは、言い換えれば、遥か昔においては、釈尊も私たちも、まったく違いがない時期もあったということです。釈尊がとうの昔に仏陀の境地に到達したのに対し、私たちが依然として輪廻の苦しみにあり続けているのは、釈尊が利他をおこない、私たちは自利を目指したこと以外に理由はありません。

世間のあらゆる楽、それらすべては他者に楽を望むことで生じ、世間のあらゆる苦、それらすべては自分に楽を望むことで生じる。多くをいう必要はない。凡夫は自利をはかり、牟尼は利他をはかる。この二つの違いを見よ。自分の楽と他者の苦と、それを完全に交換しなければ、仏を成就できず、輪廻においても楽を得ない。(八章129〜131偈)

私たちを幸せから遠ざけていたもの、それは私の幸せを望む自分の心だったのです。そのことを理解して、自他の平等、さらには自他の交換の瞑想をおこないます(第八章)。

自他の平等とは、幸せを望む点では自分と他の生き物でまったく違いがないこと、私たちが自分の幸せだけを望み、他の幸せには無関心であるのは、自他を分ける心のせいで、それは単なる慣れにすぎず、何の根拠もないことを理解することです。

自他の交換というのは、私たちが他者を見ている視線——自分より上の者には嫉妬の心をおこし、同等の者には競争心、低い者には高慢の心をおこします——で、自分のことを見る修行です。

†心の訓練と空性の理解

このように心を訓練していくことによって、「私」の実体視は次第に弱まり、空性を理解できるようになります。

〔これまでに説いてきた〕これらすべての支分は、牟尼が、智慧のために説かれた。それゆえにもろもろの苦を滅したいと願うなら、智慧を生ずべきだ。(九章1偈)

仏教では、私と私の捉えた世界を実体視する無明こそが苦しみの真の原因であり、それが実体ではないこと(空性)を理解することによって、苦しみから解放されると説きます。ですからこれまでの章で説かれていた怒りなどの煩悩も、実際には空性を理解することによって断ち切ることができるのですが、私と世界の実体視は、単なる観念ではなく、私たちの一瞬一瞬の物の捉え方そのものなので、そこからの解放は容易なことではありません。そのため心を日々訓練していく必要があるのです。

苦しみの消滅ということに関していえば、これまでの章は病気でいえば、症状を和らげる段階に相当し、空性を理解する智慧を扱う第九章が根治を目指す段階に相当します。

慈悲の心と空性の理解は相補的な関係にあり、慈悲の心を養うことによって、空性の理解が容易になり、空性を理解することによって、自他の区別から解放され、慈悲の心が自然に生じるようになります。

私と私の捉える世界の実体視は、私たちの一瞬一瞬の物を捉える心の働きそのものに関わっていますから、単に知的に空性についての知識を得るだけでは、物の見方は少しも変わりません。

†空性の理解と瞑想

世俗と勝義、これらは二諦として認められる。勝義は意の対象ではない。意は世俗であると言われる。それには二種類の世間が見られる。ヨーガ行者と通常の人である。それに関して、通常の人の世間は、ヨーガ行者の世間によって否定され、ヨーガ行者も、優れた者それぞれが優れた意によって〔劣った者の見解を〕否定する。（九章2～4偈前）

仏教では二つの真理（二諦＝勝義諦・世俗諦）ということを言いますが、仏教に二つの真理があるのは、仏教が瞑想中と瞑想していない時と、ふたつの心の状態を行ったり来たりしながら実践をおこなうことと関連しています。

空性とは、通常、私たちが実体としてありありと感じている自分やその捉えている世界が、「そうではない」と気づくことですから、空性を実際に体験するのは、心が対象を捉えていない、深い瞑想の境地においてです。

言葉は対象を捉える心の働きそのものに関わっていますから、その境地自体は言葉を超えたものです。それが勝義（究極の真理）です。

それに対して世俗とは、言葉の通用する、心が対象を捉えている日常意識において妥当する真理のことです。

瞑想中に空性を体験することができたとしても、瞑想を終えれば、心は再び対象を捉えますが、瞑想中に空性を体験していると、捉えた対象は、今の私たちのように実体としては映らなくなる、といわれています。経典のなかで、夢、幻、電光、水泡、芭蕉、虹のようとたとえられているのは、この、心は対象を捉えているが実体としては映っていない状態のことです。それが『入菩薩行論』で説かれている「通常の人の世間は、ヨーガ行者の世間によって否定される」ということです。

空性の瞑想の深まりによって、瞑想後の心の捉え方はどんどん変わっていきます。そうやって瞑想中・瞑想後を行ったり来たりしながら修行をすすめ、修行が完成した仏陀の境地においては、瞑想中・瞑想後の差がまったくなくなると言われています。それをあらわしたのが、『般若心経』で、有名な「色即是空、空即是色」は、心が捉える対象（「色」）と深い瞑想中に体験される「空」にまったく差のなくなった仏陀の心の境地を言っているのです。

チベットに伝わるシャーンティデーヴァの伝記によると、シャーンティデーヴァはインドのナーランダー僧院の僧侶で、文殊菩薩から直接教えを受けて深い境地の瞑想をおこなっていたが、表面的には食べて・寝て・排泄する（ブ・ス・ク）だけの存在だったため、他の僧が恥をかかせて僧院にいることができないようにしようとはかり、シャーンティデーヴァに教えを乞うた。その際説かれたのがこの『入菩薩行論』で、ちょうど九章の34偈を説いた時にシャーンティデーヴァの体は宙に浮き、空に消えていって見えなくなり、その後は空から声だけが聞こえた、と言われています。

ものがないと分別するならば、事物は無所縁である。〔そのとき〕無事物は、よりどころを失う〔のだから〕、どうして心の前にあり得るだろうか。事物と無事物とが、心の前に現われないならば、別の（＝第三の）ものはないのだから、〔心は〕所縁（＝対象）をなくし、極めて寂静となる。（九章33〜34偈）

九章34偈は、心が対象を捉えない深い境地における、空性の体験を説いています。

このように瞑想中に空性が体験できれば、自他を区別する思いは消え、自分の苦しみをなくすように、他の苦しみをなくそうとし、自分の幸せを願い、求めるように、他の幸せを願い、求めることができるようになります。それが真の菩薩の実践です。

第十章では、輪廻の苦しみがなくなることが願われ、地獄・餓鬼・畜生といった悪趣の衆生を救う金剛手や観音、文殊、普賢といった菩薩の活動がたたえられていますが、『入菩薩行論』を学ぶ者がもし実際に空性を体験できれば、それらの菩薩と同じおこないをおこなうことが可能になります。

まだ、空性を体験するに至らない段階では、それらは、自分のあるべき理想像となります。チベットの伝統では、この第十章は「チュンジュク・モンラム（入菩薩行の誓願）」と呼ばれ、日課経にしている修行者も少なくありません。

このように、『入菩薩行論』は、今はまだ私の実体視に捉われた凡夫である私たちが、どのように仏陀の境地に至るのかについての、かけがえのない知識の源となっているのです。

†得がたき人身——仏教の実践の出発点

このような仏教の実践の出発点となっているのは、今のこの人としての生が、極めて得がたいものであることを理解することです。

この有暇具足はきわめて得難いものであり、人間の利益を成就し得るものである。もしこれによって利益を得られないなら、その後〔有暇具足が〕正しく整うことがどうしてあり得ようか。（一章4偈）

私たちの心は、自分がすでに具えているものにはさほど価値を感じず、自分が持っていないものこそが価値あるものと捉え、追い求めます。しかしそのような心では、どこまで行っても真に満たされることはありません。

それが無明、無知ということで、仏教の実践は、一〇〇パーセント満足とはいえないものの、冷静に見るならば、私たちの今の生はあらゆる生き物のなかで例外といっていいくらい恵まれたものであるという「事実」を認めるところから出発する必要があります。

それがなければ、仮に利他の実践に励んだとしても、心は虚しいままです。道順を間違えれば、望むような効果は得られません。そのためにも、実際にその道を歩んだ人のもとで学ぶことが大切なのです。

ダライ・ラマ法王は、仏教の利他の教えについて、実際には自分の直接の利益になるものだと説かれています。

「世間のあらゆる楽、それらすべては他者に楽を望むことで生じ、世間のあらゆる苦、それらすべては自分に楽を望むことで生じる」（『入菩薩行論』八章129偈）というのは本当のことですが、実際に実践してみてそれを実感した人の話を聞かなければ、それを納得することはむつかしいでしょう。

†菩薩行と仏性

そのダライ・ラマ法王が『入菩薩行論』の教えを受けたのは、クヌ・ラマ・リンポチェ（テンジン・ギャルツェン、一八九五～一九七七）からでした。それまで、法王は空性に関しては時間さえかければ理解可能とお感じでしたが、菩薩行については理想論と思われていたそうです。それが大きく変わったのが、クヌ・ラマ・リンポチェの教えによってでした。今ではご自分の心を変えた教えとして、世界各地でたびたび『入菩薩行論』について説かれ、インドでの伝授では、教えを読まれながら感動のあまり涙されるお姿が目撃されています。

そのクヌ・ラマ・リンポチェは『菩提心讃』を書き残されています（英訳 *Vast as the Heavens, Deep as the Sea*, Wisdom）。以前、その教えを学んだ時に驚いたのは、『入菩薩行論』だけでなく、如来蔵思想の代表的論書である『宝性論』がきわめて重視されていることでした。『宝性論』については高崎直道先生のサンスクリットからの翻訳があり、ずいぶん前から持ってはいたのですが、読んでもなんのことだかさっぱりわからず、放り出していました。

ダライ・ラマ法王に『入菩薩行論』を教えられたクヌ・ラマ・リンポチェがそれと並んで重視されているので興味がわき、その後、教えを受ける機会を得ることができたのですが、『入菩薩行論』と『宝性論』は、菩提心について、表と裏のような関係にあるテキストです。『入菩薩行論』は、菩提心をおこし、それを衰えさせず、増大させていく、という方向で説かれていますが、そもそも、利己的な私の心からは、一切衆生を苦しみから解放しようという発想は生まれてきません。『入菩薩行論』でも、私たちに利他の心が生じるのは、仏の加持の働きによるものだとされています。

夜の暗闇を稲妻が一瞬照らし出すように、仏の力によって人びとがわずかの間でも福徳や智慧などをおこすことは稀である。(一章5偈)

ですから、菩提心はそのような利己的な私たちの心でおこそうと思っておこすことができるものではなく、(偶然)生じた、という言い方しかできないものです。

盲人がごみの集まりの中から宝を得たように、このように偶然、この菩提心が私に生じた。

（三章28偈）

非常に得難い利益を得るよりどころを、〔私は〕なぜか偶然得る〔ことができた〕。（四章26偈前）

一切衆生に仏性は等しく備わっており、その表面の汚れを取り除くことで仏性が顕わになる、というのが如来蔵思想です。

菩提心をおこして心を訓練し、空性を直接体験することで、真に菩薩の実践が可能になるということは、真の菩提心は私の心が作り出すものではなく、「私」という思いが消え去った時に顕わになるものである、ということです。

『入菩薩行論』と『宝性論』は、同じ実践を出発点の側から見たものと、結果の側から見たものなのです。

菩提心が生じるのは、外の仏が内なる仏に目覚めよと働きかけた結果です。釈尊も、阿弥陀仏も、かつて別の仏陀に巡り会い、あなたのような存在になる、と菩提心をおこされました。

そのことを踏まえることで、三章23・24偈の発菩提心の真に意味するところがあきらかになります。単に仏を観想し、私も仏になると誓うのではなく、過去の仏陀が辿られた道を思い、そうやって仏陀になられた慈悲と智慧の光に、今、ここで、自分が照らされていることを味わうことで、心の奥底から菩提心の花が開くのです。

『入菩薩行論』を学ばれた方は、視点の違う『宝性論』も学ばれると、菩提心と心の訓練の道について、より理解を深めることが可能になるでしょう。

5 仏陀の境地と『般若心経』

『般若心経』は日本でもっともポピュラーな経典で、たくさんの解説書がでています。読みものとしては興味深いかもしれませんが、それらの多くは、仏教僧によるものであったとしても、その人個人の考えを書いたものがほとんどです。

†インド・チベットの伝統における『般若心経』

チベットでも『般若心経』の読誦は盛んで、チベット大蔵経には、インド仏教における『般若心経』の註釈書がいくつかチベット語訳され、収録されています（渡辺章悟ほか『般若心経註釈集成〔インド・チベット編〕』起心書房）。『般若心経』には大小二種類が存在し、チベット大蔵経に収録されているインド仏教の註釈書は、いずれも大本に対してのものです。サンスクリットや漢訳にも大小二種が存在し、私たちのよく知っている「観自在菩薩、行深般若波羅蜜多時、照見五蘊皆空……」ではじまるのは、小本の方です（『般若心経・金剛般若経』岩波文庫）。
大本は、通常のお経と同じく「如是我聞（にょぜがもん）」ではじまるもので、小本の内容の前後に状況説明がついています。私たちのよく知る小本では、観自在菩薩（観音）と舎利子（シャーリプトラ＝シャーリの息子、の意。釈尊の高弟。舎利弗とも）が登場しますが、大本を見なければ、二人がどのような関係にあるかわかりませんし、釈尊も登場しません。これらがわかるのが、大本です。

思考することも言葉にすることもできない般若波羅蜜
不生不滅の虚空の本体そのもの
各々の自内証の行境
三世（過去・現在・未来）の勝者（仏陀）の母に礼拝します
インド語（サンスクリット）でバガワティ・プラジュニャー・パラミタ・フリーダヤ
チベット語で仏母般若波羅蜜心（経）

仏母般若波羅蜜に礼拝します

私は次のように聞いた（如是我聞）、ある時（一時）、
世尊は王舎城の霊鷲山に、比丘の大僧伽と、
菩薩の大僧伽と、共にいらっしゃった。
その時、世尊は甚深なるあらわれという法門の三昧に入られていた。
またその時、聖観自在菩薩摩訶薩は、
般若波羅蜜の甚深行をご覧になって、
五蘊、それもまた自性が空であるとご覧になった。
そして仏力によって、長老舎利子は、
聖観自在菩薩摩訶薩にこのようにおっしゃった。
善男子（なんし）あるいは善女人のある者が、甚深なる般若波羅蜜の甚深行を行じたいと望むならば、
どのように実践すべきか。そのように言われて、
聖観自在菩薩摩訶薩は、長老舎利子にこのように言われた。
舎利子よ、善男子あるいは善女人の
ある者が、般若波羅蜜の甚深行を行じたいと望むなら、このように見るべきであって、

五蘊それもまた自性によって空であると正しく見る。
色（蘊）は空であり、空性は色である。色より空性は他になく、空性よりまた色は他にない。
同様に、受と想と行と識なども空である。
舎利子よ、そのように一切法は空性で、相が無く、生じること無く、滅すること無く、
垢が無く、垢を離れることも無く、減ることも無く、増えることも無い。
舎利子よ、それゆえ空性において色は無く、
受は無く、想は無く、行は無く、識は無く、
眼は無く、耳は無く、鼻は無く、舌は無く、身は無く、意は無く、
色は無く、声は無く、香は無く、味は無く、触は無く、法は無い。
眼界が無いより、意界が無く、意識界に至るまでも無い。
無明が無く、無明が尽きることが無いより、老死が無く、老死が尽きることも無い。同様に、
苦と、集と、滅と、道も無い。智慧も無く、得ることも無く、得ないことも無い。
舎利子よ、それゆえ、諸菩薩は得ることがない故に、
この般若波羅蜜に依り、心に罣礙（けいげ）が無いことによって、恐怖が無く、
顛倒より完全に離れ、涅槃を究竟（くきょう）している。
三世（過去・現在・未来）に住される一切諸仏もまた、この般若波羅蜜に依って、

無上正等覚を現等覚され仏陀となる。
それゆえに、般若波羅蜜多呪（は）、大明呪、無上呪、
無等等呪、一切の苦を完全に鎮める呪、
偽りでなく真実であると知るべきで、般若波羅蜜多呪を説いて、
タヤター・オン・ガテガテ・パーラガテ・パーラサンガテ・ボディ・ソヮーハー
舎利子よ、菩薩摩訶薩はそのように甚深なる般若波羅蜜を実践すべきである。
それから、世尊はその三昧より起きられて、
聖観自在菩薩摩訶薩によきかな（善哉）とおっしゃられて、
よきかな（善哉）、よきかな（善哉）、善男子（よ）、その通りである、その通りであって、
汝が説いたように、般若波羅蜜は行じられるべきで、
善逝達もまた随喜される。世尊がそのようにおっしゃられたので、
長老舎利子と、
聖観自在菩薩摩訶薩と、
周囲の一切の者たちと、神と、人と、阿修羅と、ガンダルヴァなどの世間は喜んで
世尊のお言葉を褒め称えた。

「除障法」

仏陀に礼拝します　法に礼拝します　僧伽に礼拝します

仏母般若波羅蜜に礼拝します

私の真実語が成就しますように。昔、天帝帝釈が仏母般若波羅蜜の甚深なる意味を考え、詩句を諷誦することによって、

障礙（しょうげ）をなす魔（他化自在天王）などの不順なるもの一切を払ったように、同様に、私もまた仏母般若波羅蜜の甚深なる意味を考え、詩句を諷誦することにより、障礙をなす魔などの不順なるもの一切が、払われますように

無くなりますように、鎮まりますように、完全に鎮まりますように

およそ縁によって生じるものは、滅すること無く、生じること無く、断滅で無く、恒常で無く、来ること無く、行くこと無く、異義でなく、一義でない。

戯論が寂滅されている仏陀である、説者たちの最高のその方に礼拝します。

八万種の障礙を鎮め、逆縁を離れて、

順縁を成就して円満し、吉祥で今すぐの幸せが得られますように。

大本によれば、釈尊は霊鷲山（『般若経』や『法華経』が説かれた山）で瞑想中で、その境地を観音さまが理解し、シャーリプトラの問いに答える形で、釈尊のさとりの境地、智慧の完成（般若波羅蜜）がいかなるものであるかが解説されます。『般若心経』は、釈尊のさとりの境地を観音さまがシャーリプトラに解説している経典です。

†諸法を説く阿含経典と、それを空、無と説く『般若心経』

仏教の流れには大きく分けて、中国、日本やチベットなどに伝わるいわゆる大乗（北伝仏教）と、東南アジアに伝わるテーラワーダ（上座部、南伝仏教）があります。前者は阿含経典と大乗経典の両方を仏典として認めますが、後者は阿含経典のみに基づき、大乗経典は経典と認めていません。『般若心経』は大乗経典で、内容的におかしい、と批判される方もいらっしゃいます。それには無理からぬところがあります。『般若心経』で空である、無であるとされているのは、阿含経典で釈尊が重要な教えとして説かれているもの——諸法だからです。

†一切法＝五蘊、十二処、十八界が空

有名な「色即是空、空即是色」は、観音さまが理解したという釈尊の瞑想の境地、「五蘊皆空」のうち、色蘊が空であることを詳しく説いたものです。残りの四つ（受・想・行・識）も

同様である（「受想行識、亦復如是」）と続きます。続く、諸法の空の面（「諸法空相」）においては「無眼耳鼻舌身意、無色声香味触法」というのは、感覚とその対象である十二処が空であることを説いています。その次の「無眼界乃至無意識界」は、感覚をさらに感覚とそこでの心の働きに分け、三×六＝十八、十八界が空であることを説いています。

この、五蘊、十二処、十八界は、一切法と呼ばれ、それぞれが、外の世界のことであれ、心の中のことであれ、現象の何を取り上げても、必ずそのどこかに入るカテゴリーです。阿含経典で、釈尊は、主に出家の弟子たちに、あなたたちがあると信じて疑っていない「私」はどこにあるか、五蘊、十二処、十八界を調べてみなさい、と説かれています。そうやって自分で探してみて、どこにも「私」を見つけだすことができないことが分かった時、それがさとりです。

†十二支縁起・四聖諦が空

次の「無無明亦無無明尽、乃至、無老死亦無老死尽。無苦・集・滅・道」は、十二支縁起と四聖諦が空であることを説いています。

四聖諦は、仏陀となった釈尊が最初に説いた（初転法輪）とされる教えで、苦しみ（「苦」）とその原因（「集」）、苦しみを滅した境地（「滅」）とそこに至る実践（「道」）の四つの真理です。苦しみの原因がわかれば、それを取り除くことによって苦しみから解放されることができる、四聖諦は、苦しみとその原因、苦しみの解放とその原因の、二つの結果—原因の関係からなりたっています。

それを十二の段階で瞑想するのが、十二支縁起です。私たちが輪廻の苦しみの中にある理由を遡っていくと、「無明」が真の原因であり、無明があれば行があり……と、無明〜行〜識〜名色〜六処〜触〜受〜愛〜取〜有〜生〜老死の十二の段階で瞑想していきます。原因が分かればそれを除けば苦しみから解放されますから、それも十二の段階で無明尽〜……老死尽と瞑想していきます。『般若心経』は、それすらも空だと説くのです。

†遠離一切顛倒夢想——空性の理解と苦しみからの解放

さらに続きます。「無智亦無得」、『般若心経』の「般若」というのはインドのプラージュニャー、智慧という言葉に漢字を当てたものですが、それすらもなく、さとりを得ると言いますが、得るということすらない、と言います。それが「般若波羅蜜多」、智慧の完成で、過去の仏陀も現在の仏陀も、未来の仏陀も、このような智慧の完成によって仏陀の境地に至るのだ、というのです。

これは何を意味しているのでしょうか。「以無所得故、菩提薩埵、依般若波羅蜜多故、心無罣礙、無罣礙故、無有恐怖、遠離一切顛倒夢想、究竟涅槃」、得ることがないという智慧の完成によって、心に妨げがなく、妨げがない故に恐怖がなく、永遠にあらゆる逆さまの夢のような捉え方から離れている、それが涅槃だ、と経典は説いています。私たちは自分の視点から物事を捉えていますから、その私の観点からは、さとりはあり、得るという行為もあります。しかしもしさとりが本当にそのような得られるものであるならば、そのさとりは失われるかもしれませんし、他から奪われないよう、傷つけられないよう、守る必要もでてくるでしょう。そのような思いからの解放こそが、苦しみから完全に解放された仏陀の境地だ、経典はそのように説いているのです。

†阿含経典の筏の喩え

忘れてはならないのは、これらは釈尊が弟子に説いた教えではなく、瞑想中の釈尊の境地を観自在菩薩が理解してシャーリプトラに説明しているものだ、ということです。阿含経典は釈尊が苦しみからの解放のために弟子に説いた教えで、それに対して『般若心経』は、苦しみから解放された境地を描いた経典なのです。

教えが手段であって、捨て去られるべきものであることは、阿含経典の中でも、筏の喩えで説かれています。釈尊は、自分は筏で向こう岸（さとりの比喩。「彼岸」の語源）に渡り終え、もう筏は必要なくなった、と説かれています（『スッタ・ニパータ』）。また別の機会には釈尊は、向こう岸に渡り終えた人が筏を担いでいったらどうだろう、と非法を捨てるべきことはもちろん、法も捨て去られるべきものであることを説かれています（中部経典『蛇喩経（じゃゆきょう）』）。

このように、阿含経典と『般若心経』の内容は、矛盾・対立するものではなく、苦しみからの解放の手段と、その結果の関係にあるものなのです。

†般若波羅蜜多呪と大本における締め括り

このような苦しみからの解放の境地は、苦しみにある私たちには本当の意味では理解できません。また、言葉は、苦しみの真の原因である間違った捉え方、私が世界を対象的に捉える、そのための道具ですから、言葉で言い表わすことも、本当はできません。そのため経典では、次にこの智慧の完成の内容が、呪（陀羅尼）の形で説かれます。

羯諦羯諦波羅羯諦波羅僧羯諦菩提薩婆訶

『般若心経』小本はそこで終わりますが、大本は、その後に締め括りの内容がもう少し続きます。大本では、釈尊が瞑想を終えられ、「その通りである」と観音さまの説明を承認し、集まっていた人々や神々が皆喜んだ、と説かれて終わります。

聴衆の歓喜で終わることも経典の定型ですが、見逃してはならないのが、瞑想中だったはずの釈尊が、観自在菩薩とシャーリプトラの会話をすべて知っているということです。

私たちだったら、自分の噂を二人がしていて、それが気になって集中して瞑想できなかった、ということになるかもしれません。しかしそれでは苦しみから解放された境地とはいえません。修行においては、瞑想中に空を体験すると、瞑想を終えて感覚が再び対象を捉えるようになっても、（本物だと思って怯えていた映画やテレビのお化けや怪獣が作りものだとわかってしまったようなもので）実体としては映らなくなる、と言われています。そうやって瞑想中と瞑想後を繰り返していくのが修行の段階です。

しかし修行が完成した仏陀においては、この二つが交互ではなく、空を体験している瞑想の境地にありながら、同時に世界も捉えることができる、と伝統仏教学では説明されています。大本の締め括りは、そのことを示しているのです。

†大乗経典の真偽についての伝統的説明

釈尊は著作を書き遺さず、様々な弟子にその素質や理解の度合いに合わせて異なる教えを説かれた（対機説法）といわれます。阿含経典は、釈尊が般涅槃された後、教えを受けた弟子が集まって編纂されたものだというのが、伝統的な説明です。

大乗経典は、その阿含経典には含まれない、後の時代になって登場したものですから、古代のインドでも、認めるか認めないかで議論がありました。

内容的に仏陀の教えと認められるべきことを論じたのが、古代インドのナーガールジュナ（龍樹）です。また、教えを受けた弟子が編纂した阿含経典に含まれていなかったということについては、インド・チベットの伝統では、次のように説明しています。大乗経典は高度な内容だったため、最初人間世界に伝わらず、菩薩たちや神々や龍の世界に伝えられ、後に人間世界にもたらされたのだ、と。

『般若心経』においてはシャーリプトラが観自在菩薩と会話しています。シャーリプトラは煩悩を断ち切った阿羅漢の境地にありますから、観音さまの姿は見えるでしょうが、普通の人は観音さまの姿を見ることはできません。もし霊鷲山で『般若心経』に説かれているようなことが実際にあったとしても、普通の人が見ても、お釈迦さまは瞑想中で、シャーリプトラは誰かから何か聞いているようだが、その相手も目にすることができず、話す内容も聞こえないでしょう。それゆえ人間世界には伝わらず（シャーリプトラは釈尊よりも前に入滅しています）、後の時代になってから出現したのだ、それが伝統的な説明です。

第六章

密教入門

1　グル・ヨーガ――チベットの密教の心髄

†仏教におけるマインドフルネス（憶念）

西洋では、ヒンドゥー教の修行法であるヨーガが健康法や美容法とされているように、仏教も心のケアの方法として関心を持たれ、受容されています（ケネス・タナカ『アメリカ仏教』武蔵野大学出版会を参照）。このような潮流は、日本には長い仏教の伝統があるためか、なかなか入ってきませんでした。最近になって急に、メディアで取り上げられはじめ（二〇一四年十一月六日、NHKニュース「おはよう日本」など）、関連した書籍が次々出版されるようになりました。

仏教が役に立つのは死んだ後だけ、という思い込みから解放され、気軽に人々が仏教に接するためにはいいことだと思いますが、それがこれまでの日本仏教は駄目だ、新たにマインドフルネスを導入しなければならない、となると、おかしなことになってしまいます。

マインドフルネスは仏教語の「サティ」の英訳で、「(憶）念」と訳されている言葉です。「南無阿弥陀仏」を唱えるお念仏の「念」も、本来はこのマインドフルネスです。

「（憶）念」は仏教の実践の基本で、その重要性について、古代インドのナーガールジュナ（龍樹）やシャーンティデーヴァも、次のように説いています。

王よ、身体にかんする憶念が歩むべき第一の道である、と善逝は示しています。憶念に努め、守らねばなりません。憶念が欠けると、すべての法はこわれます。（ナーガールジュナ『勧誡王頌（友への手紙）』54偈）

「真言の念誦（ねんじゅ）や苦行、すべてを長期間、おこなっても、心が他のものに散乱してしまうならば無意味である」と、真実を知る方が説かれている。誰であれ、最上なる法の根本である心の秘密を知らなければ、楽を得、苦を滅ぼすことを求めても、それらは意味も本質もない。それゆえ、私のこの心を善く持し、善く守るべきである。心を守る苦行以外の多くの苦行が何だろう。禅定せず散乱の中にあるときは、傷に気を配るように。悪い仲間とともにいても、この心の傷を常に守るべきである。（シャーンティデーヴァ『入菩薩行論』五章16～19偈）

仏や菩薩たちはつねに妨げられず、よくご覧になっている。私はつねにそれらすべての眼の前にいるのだと考えて、恥と尊敬と怖れを持つならば、それにより、仏の憶念もまた何度

も何度も生じるであろう。（同五章31〜32偈）

仏教の本格的な実践は、戒・定・慧の三つで、大乗仏教の実践である六波羅蜜は、布施・持戒・忍辱が戒、禅定が定、智慧（般若）が慧に相当します（精進は三つすべてに関わる）。この三つは、マインドフルネス、（憶）念をより詳しく実践するもの、と言っていいかもしれません。仏の眼を意識することを忘れ、煩悩に振り回されて行為することを防ぐための実践として、戒律を守ることがあり、心が対象を勝手に捉えて「欲しい」（貪）とか「嫌だ」（瞋）という気持ちが湧き起こることを、瞑想で一点に集中することによって抑え、仏を意識するだけでなく、実際に仏の智慧を得ることを目指します。

もし、仏教徒がマインドフルネスを実践するのであれば、シャーンティデーヴァが説かれているように、瞑想中・瞑想していない時を問わず、常に仏の眼によって見られていることを意識するとよいでしょう。それは、つねに囚人のように監視され、見張られていると思え、ということではありません。仏陀は一切智者ですから、私たちが仏のことを意識していない時も、いいことも悪いことも、すべてをご覧になっていますが、私たちが間違ったこと、よくないことをやっているときも、常に慈悲の眼で見守られており、私たちを裁いたり、批判したり、見捨てることはありません。

ちょうど、小さな子供が公園で遊んでいるのをお母さんが見守っているようなもので、子供はお母さんが見ていることを知っているから、安心して遊べるのであって、もしお母さんがどこにも見当たらなかったら、不安と恐怖で泣き叫び、お母さんを探すでしょう。私たちの今の心の状態は、お母さんを見失った子供のようなもので、お母さんを見つけて安心するのが、マインドフルネスの実践なのです。

親鸞聖人は「正信偈（しょうしんげ）」で、源信僧都（『往生要集』の著者）の教えの要約として、次のように説かれています。

極重の悪人はただ仏を称すべし。われまたかの摂取のなかにあれども、煩悩、眼を障（さ）へて見たてまつらずといへども、大悲、倦（もの）うきことなくしてつねにわれを照らしたまふといへり。

煩悩に妨げられ、私たちは私たちを見ている仏の姿を眼にすることはできませんが、私たちが仏のことを忘れているときも、仏は決して私たちを見捨てることなく、智慧の光で照らして下さっているのです。そのことに気づくことが、念仏、マインドフルネスのエッセンスです。

浄土七祖の一人、天親菩薩（ヴァスバンドゥ）は『浄土論（無量寿経優婆提舎願生偈）』のなかで、極楽往生を可能にする実践として五念門を挙げ、そのひとつとして浄土の荘厳の観想を挙げ、ヴィパッサナー（観）に相当するとしています。

念仏の実践の核心は、観想か称名か、仏や浄土を観想するか、口で名号を唱えるかではなく、瞑想だろうと名号だろうと、仏の眼で捉えられている、仏の智慧の光に照らされていることを自覚することにあります。

仏の世界を観想するのは、私たちを見守っている仏の姿を私たちの側は目にすることができないためで、観想こそが「念」仏だと考えてしまうと、観想していないときは憶念がないことになります。親鸞聖人の説く他力念仏とは、阿弥陀さまが救ってくださるはずだから何もしなくてよい、と期待することではなく、自分を照らす阿弥陀仏の存在にはっきり気づけば、たとえ自分が意識していない時でも、憶念から離れることはなくなる、ということです。そのことを親鸞聖人は「正信偈」のなかで、雲で遮られて直接太陽を目にすることができなくても、厚い雲を通して太陽の光は届いており、そのことに気づけば暗闇はない、という喩えで説かれています。

摂取の心光、つねに照護したまふ。すでによく無明の闇を破すといへども、貪愛・瞋憎の雲霧、つねに真実信心の天に覆へり。たとへば日光の雲霧に覆はるれども、雲霧の下あきらかにして闇なきがごとし。信を獲て見て敬ひ大きに慶喜すれば、すなはち横に五悪趣を超截す。

†グル・ヨーガとは何か

チベットには様々な密教の実践法が伝わっていますが、その心髄と呼べるのが、グル・ヨーガの実践です。

グル・ヨーガは前行の中でも説かれているので、人によっては、初心者向きのやさしい修行だと思っている人もいるかもしれません。

しかし、グル・ヨーガが前行の実践であるのは、その人がまだ心の本質をさとっていないからであって、もしその人が心の本質をさとったならば、それはそのまま本行の実践になります。実際、マハームドラーやゾクチェンといった奥義の実践においても、その中核となるのは、グル・ヨーガの修行です。たとえば、ゾクチェンの体系のうち、もっともよく知られているロンチェン・ニンティクの体系においては、外のグル・ヨーガとされる前行のグル・ヨーガのほかに、本行である内のグル・ヨーガ（リンジン・ドゥーパ）、秘密のグル・ヨーガ（ドゥンゲル・ランドル）、もっとも秘密のグル・ヨーガ（ティクレ・ギャチェン）もあります。

外のグル・ヨーガでは通常、目の前に祖師の姿をとった自分の師（グル）を観想し、四灌頂（瓶灌頂・秘密灌頂・般若智灌頂・言葉灌頂）を授かり、最後に師が光となって自分に溶けこみ、師の智慧と一体になったと観想します。

チベットでは、師のみ心が仏陀、師のお言葉が法、師のお体がサンガ（僧伽）で、師は三宝（仏・法・僧）を体現した存在だとも、直接自分に教えを説いてくださる師は、過去・現在・未来の三時の仏よりも恩深い存在だともいわれます。

これは、誤解されがちな個人崇拝や盲信の類ではありません。

仏教ではさとりを開いた仏陀と、仏陀がさとった真理（法）、その心理を実践しているサンガの三宝に帰依しますが、実際のところ、私たちは仏像を目にすることはあっても、仏陀その人を目にしたことはありません。そのさとった真理がどういうものかも知りません。三宝に帰依しているのが、仏教徒の定義ですが、私たちは実際には帰依しているものが何かを知らないのです。

†師の教えをそのまま受け取る

私たちが実際に教えを受けるのは、師からです。その師以外にどこか別のところに三宝があると考えては、私たちは絶対に仏教に接することはできないのです。

もし、師をただの人間としか見ることができなければ、その人が受け取ることができるのは、人間が説いた知識だけです。仏陀の智慧ではありません。

仏陀の智慧を受け取るためには、師を仏陀そのものであるとみる（チベット語でタクナン＝清らかな見方といいます）ことが不可欠なのです。

それは、そう誤解されがちな盲信、実際にはただの人であるのを、仏陀であると無理に思い込むこととはまったく違います。

そもそも、本当は仏陀が何であるかを知らないのが私たちですから、ただの人を自分が想像する仏陀だと思い込むことに、何の意味もありません。

そこで必要なのは、素直さ、自分の狭い思い込みや評価、判断を離れ、師とその教えを素直にそのまま受け取ることです。

盲信する人は、実際には思い込みの激しい人で、相手を正しく見ていません。素直に受ければ、相手の間違いは間違い、嘘は嘘と気づくことができます。

師がヒントを出すためには、師が正解をすでに知っている必要があります。その師も同様に、かつて師に巡り会い、教えを受け、言葉を超えた境地を理解し、さらにその師も……、そうやって仏陀その人から目の前の師まで、系譜が途切れることなくつながっている必要があります。

仏教の実践の出発点は、自分がこうやって人間に生まれてきたことが例外的な幸運であることに気づくことにあります。特に現代社会においては、自分や自分が持っているものに価値がなく、常に外のものを求めつづけることを強いられる傾向があります。

私たちが外に向けていた視線を内に向け、自分が持っている価値に気づくためには、私たちを見つめる偏りのない師の視線が不可欠です。

そうやって理解が深まるにつれ、私たちと私たちを見つめる師の視点との距離は縮まっていきます。

そうやって師との隔たりがなくなった時、それが私たちが仏性、心の本質に目覚めた時で、チベットの伝統では、外なる師は相対的な師で、究極の師は自分の仏性、心の本質であるといいます。

しかし自分の仏性に気づくためには、外の師の導きが欠かせません。それは、まつげは自分の目のすぐ近くにありながら、鏡を見なければそれを見ることができないようなものです。

グル・ヨーガの瞑想では、最後に自分に師が溶けこんで一体になった境地にとどまりますが、それこそが心の本質の境地にほかなりません。

†グル・ヨーガの目的

チベットで盛んに実践されている無上瑜伽（むじょうゆが）タントラの瞑想は、自身を本尊や曼荼羅として生起する生起次第と、そうやって観想していったものを収斂させ、何もない境地にとどまる究竟（くきょう）次第からなっています。

そのうち核心的な修行は、後者の究竟次第のほうで、生起次第は、いくらそれが本尊や曼荼羅を観想する複雑なプロセスであったとしても、究竟次第に至るための助走のようなものです。出家してお寺に入ったり、山の洞窟に籠もったりして、何年も修行に集中できる人は、無上瑜伽の実践をするのもいいでしょう。

しかし、仕事や家事をもっていて、社会のなかで暮らす俗人には、それはきわめて困難です。そういう人でも、その密教修行の核心を実践できるのが、グル・ヨーガなのです。

仏教の学習過程、自分が人間に生まれたことが例外的に恵まれたことであることに気づくことに始まり、道を歩んで仏性に気づくに至る、その全プロセスを繰り返し反復体験するのが、グル・ヨーガの目的です。

人にはカルマがありますから、その人の歩む道はそれぞれ別で、ひとつとして同じ道はありません。

その、ただひとつの道を照らし、導いてくれるのが、根本ラマです。チベットでは、一人の師でなくたくさんの師から教えを受けることが少なくありません。ひとつの宗派だけでなく、あらゆる宗派の教えを受け、修行することもできます。しかし、そのような大勢の師のなかで、特別な意味をもつのが、根本ラマと呼ばれる存在です。

根本ラマは、その人を心の本質に導いてくれる師、あるいは菩提心を教えてくれる師とも言われます。

こういうと、根本ラマ探しに熱中して、あちこちの師の間をさ迷い歩き、この人も違う、この人も違う、と師をとっかえひっかえする人が出てきますが、そうやって根本ラマにたどり着くことは、おそらくないでしょう。その人が追いかけているのは、自分が作り上げた、根本ラマとはこういうものだというイメージ、自分の作り上げた幻影でしかないからです。

もしかしたら、最初はごく普通の、さほど有名でもなく、世間的にはとりたてすぐれたところのないように見える師のもとで学んでいくことになるかもしれません。しかしその指導のもとで修行に励むうちに、次第に心が浄化され、ある時、その師の本質が見える時がくるかもしれません。その時、その師が仏陀そのものにほかならないことがわかるのです。

2 『チベットの死者の書』と意識の深層構造

†誤解された『死者の書』

『チベットの死者の書』（*Tibetan Book of the Dead* 翻訳『原典訳　チベットの死者の書』ちくま学芸文庫）というのは、ゾクチェンのシト・ゴンパ・ランドル（忿怒と寂静の百尊の瞑想による自己解脱）の体系のなかの「バルド・トゥー・ドル（中有における聴聞による解脱）」と呼ばれる教えが西洋に紹介された時に付けられた名前です。死者の意識が体験するビジョンを説き聞かせる内容が、エジプトの『死者の書』に似ているということで付けられました。

日本でも、NHKが番組を作り、話題になりました（現在はDVDが出ています）。

この教えは、まだ、チベットの教えが西洋でよく知られていない頃から紹介されていたため、誤解も多く、LSDなどによる幻覚体験と重ねて捉えられたり、臨死体験における光を見る体験との類似性が言われたりもしました。実際には『死者の書』で説かれている光明は、可視的な光ではありません。

そのような中で注目されるのが、深層心理学者のC・G・ユングの指摘です。彼は『チベットの死者の書』のドイツ語訳の解説で、彼の深層心理学の立場からは『死者の書』は後ろから読むべき書だと言っています（『東洋的瞑想の心理学』創元社、所収）。

†死者の意識が体験するビジョン

仏教では、死のプロセスにおいては、体を構成している五大（地・水・火・風・空）が解体し、五感が次第に失われるとされており、呼吸が停止した医学的な死の後もそのプロセスは進行し、医学的な死の少し後に意識が完全に解体する、と言われます。

その時立ち現われるのが「根源の光明」で、意識が完全に解体していますから、普通の人はそれを捉えることができません。普通の人はその時、「気絶」状態にある、とされています。この段階が「死のバルド」です。

次にその根源の光明が五仏を象徴する五色の光として立ち現われ、さらに、それが忿怒尊の姿をとって、死者に輪廻から解脱するよう促します。その段階を「法性のバルド」と言います。

その後は、次に生まれ変わるビジョンが次第に現われてきます。たとえば、地獄に生まれるカルマを持つものは、寒さを感じ、炎が燃えるビジョンを見て、暖かそうだ、あそこに生まれたいと感じ、地獄に入ってしまう、と言われます。これが「再生のバルド」です。

最後に、男女が性交をするビジョンを見て、その時女性に執着を抱き、男性に嫉妬すると男性に、男性に執着を抱き、女性に嫉妬すると、女性に生まれ変わります（胎生の場合は受胎）。

†ユングの『チベットの死者の書』理解

ユングは、有名なフロイトの弟子でしたが、フロイトが無意識を意識において抑圧されたもの、と否定的にのみ捉えることに不満を抱き、それは無意識のもっとも表層に近い部分で、さらにその奥には個を超えた、創造性につながるものがあると考えました。

ユングは、師と袂を分かって孤立するなか、東洋の宗教には、彼の考える個を超えた無意識に注目し、それを生かす修行法があると考え、インドのヨーガやマンダラ、中国のタオや易、『観無量寿経』の瞑想、日本の禅などに関心を向けました。

ユングは『チベットの死者の書』について、一番最後の性交のビジョンのところが、フロイトのいうエディプス・コンプレックスに相当し、無意識のもっとも深い部分から表層意識に近い部分に至る旅と考えました。それで、深層心理学的には後ろから読むべき書、最後から逆向きに読むと、意識の表層から無意識の奥底へ至るプロセスとなると言ったのです。

†仏教の意識理解とユング

これは、まだ仏教が西洋でよく知られていない頃の指摘としては、驚くべきものです。それぞれの段階の説明付けには問題もありますが、チベットの伝統においても、死と再生は、眠りと目覚めと相似的なプロセスを辿る、と考えられているからです。

私たちは、目覚めた時に、夢を見たことを記憶していたり、その夢の内容を覚えていることがありますが、それらの多くは、カルマが作り出した幻影、死と再生のプロセスでは「再生のバルド」の体験に相当するものです。

私たちの眠りには、夢を見るレム睡眠と、夢も見ないノンレム睡眠があることが医学的に知られています。けれども、夢を見たことを覚えている人はいても、夢も見ていない深い眠りの状態を覚えている人はまずいないでしょう。

ですから、「死のバルド」における根源の光明は、普通、死者はとらえることができません。「法性のバルド」における五仏を象徴する五色の光やそれが変じた忿怒尊も、カルマの働きによって、まぶしすぎて避けたい光や恐ろしい存在として映ってしまいます。多くの場合、死者が意識を回復した時には、すでに「再生のバルド」の段階に入ってしまっているのです。

夢の中に正夢があるのは、比較的「法性のバルド」に近い部分の体験と考えられています。

†意識の深層構造と密教修行

このような意識の深層構造は、『チベットの死者の書』だけでなく、密教修行の前提でもあり、このような構造を踏まえることで、密教の実践が何のために何をやっているのかを、明瞭に理解することができます。

チベットに伝わる無上瑜伽タントラには、生起次第と呼ばれる本尊や曼荼羅を瞑想するプロセスと、究竟次第と呼ばれる、観想したものを収斂させて何もない境地に留まるプロセスが存在します。

日本にも伝わっている下位タントラでは、有相瑜伽と無相瑜伽と呼ばれるものが、それに相当します。

インドにおける無上瑜伽タントラの修行者たちの伝記には、生起次第の修行に打ち込んでいた僧にダーキニーが生起次第では成就できず、究竟次第に入るよう告げるものがあります。

生起次第の瞑想において、私たちは「オン・ソバワ……」などと真言を唱え、すべてが空の境地から本尊を立ちあげますが、初心者の場合、実際にはそれは私たちの意識が作り出した、イメージでしかありません。しかし修行を終えてそれを収斂させて消していく段階に入る時、自分の心を本尊に変容させていますから、イメージだけ消えて私が残るのではなく、そのプロセスを集中して丁寧におこなえば、最後に瞑想していたものが小さくなって消える瞬間、完全に意識が解体した時に立ち現われる「根源の光明」に対応する状態に触れることができます(意識が完全に解体したときに立ち現れる「根源の光明」を「母なる光明」、修行で体験されるものを「子なる光明」と言います)。

もちろん、最初はそれをはっきり捉えることはできないでしょう。しかし、何度もその修行を繰り返し、何百、何千、何万回と繰り返していけば、次第に、その体験に慣れていくことができます。

師の導きによって、その境地に気づくこと、それが心の本質の「導き入れ」と呼ばれるもので、一切衆生に心の本質が備わっているにもかかわらず、通常、何十万回もの前行の修行を繰り返す必要があるのは、本人がその体験をしたことのない段階では、気づかせようにも、本人がはっきり体験していないものを気づかせることなどできないためです。

心の本質をさとった後に、その境地から本尊や曼荼羅を立ち上げれば、それは真の本尊、曼荼羅の修行となります。

『チベットの死者の書』に描かれた意識の段階に対応させるなら、初心者がおこなう本尊の瞑想は、実際には「再生のバルド」のビジョンのレベルでしかなく、「死のバルド」に対応する心の本質をさとった後で、その境地から本尊や曼荼羅を立ち上げることができるようになれば、それは「法性のバルド」に対応する実践となります。

チベットでは、高僧が亡くなる時、トゥクダムといって、呼吸は停止しているにもかかわらず、体に温かみが残り、死後硬直や腐敗がおきない状態が続く、といわれますが、それは、生前に心の本質をさとってその境地に留まる実践をおこなっていた者が、死の際の「根源の光明」と一体になった境地に留まり続けているのだ、といわれます。

†『チベットの死者の書』から見た日本仏教の実践

『チベットの死者の書』に描かれたビジョン、特に「再生のバルド」における様々な体験は、文化的表象で、チベットの伝統を知らない人が同じ体験をすることはないかもしれません。しかし、意識の深層構造そのものは、心の構造ですから、チベット、日本、洋の東西を問わないはずです。

日本の仏教では、宗派によってまったく異なる実践をおこなっているため、一見、名前だけが仏教で、実際にはまったく別々の実践をおこなっている別々の宗教のようにも見えます。その実践を総合的に捉える上で、この意識の深層構造と瞑想の関係は、ひとつの物差しになるのでは、と思います。実際、前近代の日本においても、様々な実践を有相・無相という概念で捉えることがおこなわれていました。

たとえば、密教は、実際には最初のうちは、有相の修行を通じて無相の境地に至ることを目指すものですし、それに対して坐禅は、いきなり無相の段階からはじまります。今は公案禅と黙想禅が宗派として分かれてしまっていますが、心の本質に気づくための公案抜きでいきなり無相の段階を実践するのは、かなり厳しいのではと思われます。

念仏について、（最近あまり言われなくなってきたかもしれませんが）それまでは観想念仏で、僧侶など限られた人しか実践できなかったものを、親鸞聖人は「南無阿弥陀仏」と唱えさえすれば誰でも救われると説き、民衆に救いを広めた、などという説明がありました。

しかし、これは変な説明です。阿弥陀仏の救いの基準を、親鸞聖人が勝手に引き下げることはできないはずです。それは本当に阿弥陀仏の世界に生まれるなんてことがあるわけがないと考えている人の説明で、親鸞聖人がそのようなことを言うわけがありません。

観想念仏は、自分を見ている阿弥陀仏をイメージする有相の実践です。それが必要なのは、私たち凡夫は仏の存在を目にすることができないためです。

親鸞聖人は「正信偈」で、煩悩の雲が空をおおっているが、曇り空の下でも真っ暗闇ではないように、阿弥陀仏の智慧の光は私たちに届いている。それに気づいたとき、大いなる喜びが生じ、往生を確信する、と説いています。これは、チベットの密教の実践でいえば、心の本質に気づいた段階に相当する体験です。『沙石集（しゃせきしゅう）』などの著者である中世の無住は、親鸞のいう他力念仏は無相の念仏だが、（当時の呼び方では）一向宗の人たちは、そのことがわかっていない、と言っています。

3 ポワ（意識の転移）の瞑想と極楽往生

†普通のおじいさん・おばあさんの実践法

人様々ですから、仏教の修行もそれに合わせて様々なものがあります。あるものは一生を僧院ですごす比丘にふさわしい修行法で、あるものは洞窟に籠もってひたすら瞑想にはげむ行者にふさわしい修行法です。

そのどれもがすばらしい教えですが、実際に自分にも実践できるものでなければ、当面の役には立ちません。

チベットは環境が厳しいせいか、俗人も深く仏教を信じていますが、一生仏教の学習や実践に専念することはできません。そういう人が隠居後に励むのが、ポワ（意識の転移）の行です。チベットのあらゆる宗派で実践されていますが、もっともポピュラーなのは、阿弥陀仏を本尊とし、阿弥陀仏の世界、極楽浄土に生まれることを目指すものです。

仏陀の数だけ仏陀の世界があり、チベットにはたくさんの仏陀を本尊とする修行がありますが、なかでも阿弥陀仏の世界に生まれることが望まれるのは、それが例外的に、凡夫でも生まれることができるとされているからです。

動物に見えているのはその動物の世界で、人間に見えているのは人間の世界です。仏陀の世界を体験するのは仏陀であって、通常、最高の浄土に生まれるためには、瞑想中に空性を体験して聖者の境地に至るところからはじまる菩薩の十地の、第八地以上に到達する必要があるとされています。自分と自分が捉えている対象を実体視している凡夫が決して体験できないのが、仏の世界です。

そのなかで阿弥陀仏の世界が例外とされているのは、阿弥陀仏があらゆる世界の生き物が自分の世界に生まれたいと心から願うなら、それをかなえるという誓い（弥陀の本願）を立てて

チベットの極楽浄土図

いるからです。

これは日本の浄土宗や浄土真宗において、阿弥陀仏の浄土に生まれることが願われるのと、まったく同じ理由です。

一般的なポワの瞑想では、自分の意識を阿弥陀仏とその浄土に送る瞑想をしますが、実際に自分の修行の力で、阿弥陀仏の世界に到達するわけではありません。それは凡夫には決して不可能です。

修行は、むしろ、そのような阿弥陀仏の誓願があるにもかかわらず、私たちが輪廻を繰り返し、阿弥陀仏の世界に生まれていないのは、我執があるからですから、それを断ち切るためのものです。

通常の密教の修行では、灌頂を受けたあと、毎日欠かさず真言を唱えるなどの日課行をおこない、時間がえられたら、一年から数年籠って集中的に修行することで、修行がうまくいったしるしが得られるといわれています。ポワの修行では、もちろん個人差はありますが、特に仏教の知識や瞑想の巧みさがなくても、心の底からの阿弥陀仏と師僧への信仰、阿弥陀仏の世界に生まれたいという強い熱望があれば、一、二週間で、通常何年もかかる修行のしるしがはっきりあらわれる、といわれています。

ポワの師として知られるアヤン・リンポチェは、まだチベットの教えが西洋でよく知られていない頃、師のカルマパ十六世から、西洋社会でポワを教えるよう勧められたそうです。仏教がまだ知られていない社会では、一生学習したり何年も籠もったりしてはじめて成果が得られる教えでは、それがどれほどすばらしいものだとしても、誰もやってみようとはしないでしょうから、普通の人でも一、二週間で効果を実感できる教えこそが、最初に広めるのにふさわしいと判断されたのでしょう。

スイスに移住したチベット人の年配者たちの在家グループが、先だって高名なポワの師からポワの伝授を受けた。スイスで生まれ育った子供たちはポワの効果に懐疑的だったが、十日におよぶポワの隠遁行（リトリート）を終えて親たちに行が成功したしるしが顕著に現れ、性格が根底から変容したのを見て驚くことになる。（『チベットの生と死の書』）

せっかくポワの修行法を習ったとしても、死ぬときにしか役に立たない、ということはありません。一般的なポワの行は、阿弥陀仏を本尊とする生起次第と究竟次第を一体化した行ですから、まだ心の本質をさとっていない人にとっては、心の本質を理解するための最適の行になります。生前に心の本質をさとれば、あとはその境地にとどまればいいだけですし、生前にそこまで到達できなくても、死後阿弥陀仏の浄土に生まれてそこで心の本質をさとることができる、それがポワの行です。

逆に、グル・ヨーガや他の密教の修行に励んでいる人が、ポワの伝授を受けていなければ、死に際してポワを行じることはできない、ということもありません。死に際して師の智慧と一体になる行をおこない、その境地にとどまることができれば、それがそのままポワの行になります。

『チベットの死者の書』で説かれる死の瞬間に立ち現れる根源の光明と一体となった境地を法身のポワ、そのあとの法性のバルドにおける五仏を象徴する光やそれが変容した忿怒尊が心の本質のあらわれにほかならないことをさとって一体となった境地を報身のポワといいます。

これらは高次のポワの達成です。

†チベットの伝統における死者供養

ポワを行じるのに相応しい時期は、自分自身で瞑想する場合は、体の五大が解体して五感が失われていくプロセスがはじまった時です。あるいは、意識が死体から抜け出るまでに、修行仲間、あるいは高僧に依頼してポワを行じてもらうといいとされています。

意識が体から抜け出てしまうと、ポワを行じることは困難ですが、トゥルク（転生活仏）などのきわめて高い境地の者は、さまよう意識を依代にのりうつらせて、ポワを行じることが可能だとされています。

私が参加した、台湾での法要では、大勢で毎日阿弥陀仏の真言を唱え、最終日に死者の名前を張り出した紙を師僧の前に並べ、死者を浄土に送る儀式が執りおこなわれました。

千人近い人が参加し、自分の家族とか友だちとか、自分のご先祖様とか、一人で何枚も出す方もいて、毎日壁にそれが張り出されました。最終日にそれらが全部、高僧の前にホールいっぱいに並べられて、まず一つ一つの名前が、その人の生前の姿に変わり、食べ物を差し上げ、それから浄水で加持をして浄化をして、灌頂を授け、最後にポワをおこないます。

中心になっているのはチベットの高僧ですが、その間毎日皆で阿弥陀仏の真言を唱え、その功徳によって、亡くなった方は苦しみから解放されますように、あるいは病気の方は病気から癒されますようにと祈りました。

台湾ではチベット系の仏教も盛んですが、そこに集まった人全員が私はチベット仏教徒だという意識で来られていたのではないと思います。偉いお坊さんが来てそういう法要をやるのだから、普段は中国のお寺にお参りしている人たちも、いい機会だというのでそこに参加して、一緒に真言を唱える。自分の家族や自分の周りの病気の人、亡くなった人だけではなくて、そこで御縁を結んだ全ての方のために一緒に祈るという、そういうかたちの法要でした。

日本では先祖供養、子孫がずっとまつりをかかさないというやり方で来ましたが、過疎や少子化でどんどん社会が変わっています。かつては日本でも檀家制度とは別に、念仏講のような、家族に限らず同じ信仰の者が集まって、互いに見送る、ということもおこなわれていました。台湾でこのような法要に参加する機会を得、別に家族とは限らなくて、同じ阿弥陀仏を信じる人が大勢集まって、亡くなった方を見送るこのようなあり方は、これからの社会にふさわしい死者の送り方ではないかと思いました。

第七章

私のチベット仏教体験

――旅の思い出

仏教（昔の言い方では仏道）の実践というのは、文字通り旅で、一人一人カルマは違いますから、歩む道も違います。ただ一人、自分の道を歩むのが仏教の実践で、それが平坦な道だろうと困難な道だろうと、他に換えることの不可能な、自分だけの道です。私の道はまだまだ遥かですが、これまで歩んできた道のりから、いくつかの師や教えとの出会いについて振り返ろうと思います。

1 はじめての海外での教え——インド・ブッダガヤのポワコース

†インドへの出発

キャンセル待ちだったデリーへの航空券がようやくとれたのが一週間前。それからあわただしく荷造りして、一九九八年十二月二十四日の朝、成田空港に行くと、デリーの空港が天候不順で閉鎖されており、搭乗するはずの飛行機がインドから戻ってきていないということで、出発は夜に変更に。近くのホテルで待機させられ、結局、出発は翌日ということになって、私の生まれてはじめてのインド旅行は、先行き不安な幕開けとなりました。

二日間滞在したデリーでは、国立博物館を見学しました。ここには、ピプラワーで発掘されたお釈迦さまの本当の遺骨だという仏舎利があります。以前、本などで見たように化石標本のように展示されているのではなく、タイ国政府から寄贈された、黄金で造られダイヤモンドで飾られた塔の中に納められていましたが、いざ目にすると、自分でも驚くくらい、ショックを受けてしまいました。

仏舎利については、チベット仏教でも日本仏教でも、宙から出現したとか、祈ると増えたとか、どんな硬い金属で叩いても壊れないとか、様々な奇跡が説かれています。信仰心の篤い人なら、本物の仏舎利を拝むことができたと感激にむせぶのかもしれませんが、私は、そこにあるのはただの骨片だという事実に圧倒され、逃げるようにその場を立ち去りました。しかし広い博物館の中をうろうろ歩き回っても、展示物はろくに目にはいらず、どんな素晴らしい仏像や仏画を前にしても、これらはみんな偽物だ、本当の仏陀はあの骨だ、骨なんだという思いが離れませんでした。これはガンダーラ仏、この仏像はナーランダー出土と、鑑賞する余裕ができたのは、しばらくたってからでした。

†ブッダガヤ到着

十二月二十七日ニューデリー駅朝六時発の急行は、当然のように遅れて昼十二時の出発となり、その後も列車は遅れつづけて、ガヤ駅到着は翌朝でした。夜になって外は真っ暗、周りの乗客は皆眠ってしまって、今どこを通っているのか、あとどれくらいかかるのかといったことがまったくわからず、不安な一夜でしたが、どうにかこうにかブッダガヤまで辿り着くことができたわけです。

宿（ゲルク派のゲストハウス）に荷物を置き、ともかくお釈迦さまがさとりを開いた、大菩提寺（マハーボーディ寺院）だけは参拝しなければと考えたのですが、強く止められ（極度に緊張していて自覚はなかったのですが、顔色が悪かったそうです）、一休みして、夜になってからお寺を案内してもらいました。

この夜見た光景を私は一生忘れることはないでしょう。月明かりと照明の光が交錯する中、ストゥーパが巨大な姿を浮かびあがらせており、その裏に回ると、お釈迦さまがさとりを開いた場所を示す金剛宝座と菩提樹があります。ここ数日の霧がかかった天候（これが飛行機の遅れの原因にもなった）もあってか、遠目に見てもしっとり潤った菩提樹は、生命力に満ち溢れていました。実際にはストゥーパの方がはるかに大きいのですが、私には、むしろ菩提樹がストゥーパをしっかりと包み込み、それどころか、この聖地ブッダガヤ全体に根をはってその生命を支えているようにすら感じられました。

ストゥーパの基壇には様々な仏像がまつられており、巡拝できるようになっています。中でも有名なのが、願いをかなえるといわれているターラー菩薩の像です。私のおこないが悪いためか様々な障害はあったものの、こうして辿り着くことができたのは、ターラー菩薩のご加護があったからかもしれません。そういえば、デリーの国立博物館で元気を回復したのも、初転法輪の地サールナート出土というターラー菩薩の像を見つけてからでした。

この後、ポワコースのおこなわれるテントに行くために毎日通うことになった大菩提寺ですが、この夜が最も印象的でした。仏教では、さとりの境地はいいわるい、きれいきたないといった二元論的把握を越えたものといわれますが、菩提樹の下の金剛宝座にお参りするたび、菩提樹と仏舎利、柵の中の読経とその外の物乞いの声、きらびやかな寺院の中の仏像と皮膚病にかかった道端の犬たち、今の私にとってはあまりにも対照的なそれらを同じものとして見ることのできる日がいつ来るのだろうかと思わずにはおれませんでした。

†ポワコース

大菩提寺では、ちょうどカギュ派のモンラム（祈願祭）がおこなわれていたほか、たくさんのチベット僧が修行しており、五体投地をする中には、少数ですが外国人の姿もまじっていました。自分もやってみたいという衝動にかられましたが、今回の目的はポワコースに参加することだ、しかもそのすぐ後帰国して翌日から仕事があるのだから、体力を考えなければいけないと思いとどまり、毎朝、お経をあげ金剛薩埵の瞑想をして灌頂を受けた仏菩薩の真言を唱えるほかは、チベット（ゲルク、ニンマ、カギュ、サキャの四大宗派のお寺がすべてある）、中国、タイ、ブータン、日本など、世界各地の仏教のお寺巡りをして過ごしました。そのうち、アヤン・リンポチェも到着され、新しい年を迎え、いよいよポワコースがはじまりました。

ポワコースが開かれたのは、大菩提寺に隣接する公園の中に建てられた巨大なテントの中で、大菩提寺の一番外側をめぐる巡拝路を通って行くようになっていました。初日の一般講演の際にすでにテントから人が溢れており、その後も、たまたまブッダガヤを訪れてポワの伝授がおこなわれているのを知ったのか、参加者は増えつづけ、最終的には四、五百人くらいになりました。その内、約一割はアメリカやドイツのセンターからの団体を含む西洋人でしたが、大半はチベット人で、服装などから推測して、チベット本土からの巡礼者も少なくないようでした。私は、出発が決まったのが直前だったことや、通訳が英語であることばかり気を取られて、チベット語の準備をまったくしなかったため、彼らとはほとんど話をすることができなかったのですが、チベット語のできる西洋人が会話しているのを側で聞くと、ラサから来た、アムドから来た、などと答えているようでした。

ポワコースは二日から十四日まで、毎日朝八時から夜八時までおこなわれました。基本的には日本でおこなわれるのと一緒で、阿弥陀仏の灌頂とニンマ派とディクン・カギュ派のポワの伝授を中心としたものですが、日本では日程の都合で省略されることの多い（私が受けるのははじめて）金剛薩埵の灌頂と、多分日本ではおこなわれていないヴァジュラヨギーニの灌頂があり、また、毎日日暮れ刻には、菩提樹の前で極楽往生の祈願文を唱え、リンポチェと一緒に阿弥陀仏の真言を唱えながらストゥーパの周りを巡りました。

菩提樹の前での祈願文読誦

私にとって最も印象的だったのは、ヴァジュラヨギーニの灌頂で、教えの内容も深遠で、加持の力も物凄いものでした。また、毎日の祈願文の読誦は、ありがたさに思わず涙がこぼれてしまうほどで、その後のストゥーパを巡る際も、日を重ねて疲労困憊してきても、力強く真言を唱えながら先頭を歩くリンポチェのグループに近づくと、声はすっかり涸れてしまっているのに、不思議と力が湧きあがってきました。

†チベット人巡礼者

中国統治下のチベットでは、文化大革命の際のような破壊こそおこなわれなくなっているものの、仏教修行にはいまだに様々な制約があります。アヤン・リンポチェもチベット本土にわたって教えを説きたいというお気持ちを以前から強く持っておられますが、個人的な入国は可能なものの、トゥルクとして教えを説くことは困難だと伺っています。このポワコースは、はるばるヒマラヤを越えてブッダガヤに巡礼に来たチベット人にとって、この上ない贈物になったことでしょう。リンポチェも彼らに「毎年この時期にブッダガヤでポワの伝授をおこなっているので、故郷に戻ったら、周囲の人にこのことを伝えるように」とおっしゃっていました。

消費大国日本では、チベットではそれを守るために大勢の人が命を落としたダルマすら、その場かぎりの消耗品として消費されてしまいかねません。それに対して、チベット人にとって、ポワの教えは無始の過去から繰り返してきた輪廻から解脱できる最短の道であり、「三宝」(クンチョク・スム)というのはけっして比喩ではなく、文字通り無上の宝です。ポワのルン(口頭伝授)の際は、あちこちから感動のあまり号泣する声があがり、夜などかなり寒くなるにもかかわらず、老人やアニ(尼)達も、毎日毎日、熱心に教えを聞き、一所懸命修行していました。二週間という限られた期間ですが、彼らのような、リンポチェに対してもその教えに対しても心から敬意の念を抱いている人達と一緒に修行できて、本当によかったと思います。

私の祖父は、私が小学校の時に亡くなっているのですが、浄土真宗のお寺の檀家総代を務めた熱心な仏教徒で、仕事を引退してからは、まだ一ドル＝三百六十円で海外旅行が容易でなかった時代に何度もインドの仏跡を訪れており、ネパールやアフガニスタンにまで足をのばしていました。私はブッダガヤで教えを受けながら、子供のころ、祖父からブッダガヤの写真や菩提樹の葉を自慢気に見せられたことを思い出していました。

†ブッダガヤで思ったこと

日本に帰ってから、何人かの方から、ブッダガヤのポワで何か特別な体験をしたかと尋ねられたのですが、正直なことを言うと、ポワの瞑想に限っていえば、日本での二回を入れて三回受けたポワのうち、圧倒的に今回の出来がわるかったです。考えてみれば当然の話で、いくらブッダガヤが聖地であろうと、海外旅行の経験のほとんどない私が、通訳の英語をなんとか聞き取ろうと神経を集中させ、でこぼこの地面に藁を敷いてシートをかけただけの所に座り、平衡を保とうとして体のあちこちに緊張が生じてしまう状態で、うまく瞑想できるわけがありません。日本語が通じ、冷暖房も効き、おみやげ売りにも物乞いにもつきまとわれず、交通機関で生命の危険を感じないですむ日本でポワの伝授を受けることができるということが、どれだけ恵まれたことか、つくづくわかりました。

もちろん阿弥陀仏の慈悲は、チベット人日本人、善人悪人を問わず、一切の衆生に注がれています。またチベット仏教がチベット人だけのものというわけでもないでしょう。しかし私のような日本人が日本に居ながらにしてポワを受けることができるのに、チベット人、特にチベット本土の人たちがはるばるヒマラヤを越えてブッダガヤに巡礼に来てようやくアヤン・リンポチェのポワを受けることができるというのは、あまりに理不尽です。一緒に教えを受けていて、彼らのために何かできることはないか、自分だけが恵まれた状況にいて平然としていては、（仏教の教えがどうこういう以前の素朴な感情として）罰が当たると、心から思いました。

また、チベット寺院がまだ建設されていない日本では、私のような怠け者などは、たった十日間のポワ講座を受けただけで、ついつい自分が修行した気になってしまいます（日本仏教の僧侶の方はもちろん別でしょうが）。ブッダガヤに来て、それがどんな思い上がりだったかということを、痛感させられました。大菩提寺を通る際に見かけるチベット人の中には、毎日毎日、五体投地をしながらストゥーパの周りを回っている人もいました。その人は私がブッダガヤに着く前から五体投地をしていたのでしょうし、ブッダガヤを去った後も五体投地を続けるのでしょう。その自分のすべてをダルマに対して投げ出し、全身で帰依を表わす姿を見て、私が帰依と思っていたものは帰依でも何でもなかったんだ、仕事や安楽な環境に溺れ、たまに思い出したように瞑想をしたり教えを受けたりするだけの今の自分にできるのはせいぜいリスペクトであって、リフュージ（帰依）にはほど遠いものだということがよくわかりました。

このブッダガヤのポワコースは、世界各地のリンポチェの弟子や生徒の寄付によって運営されています。今回のスポンサーは香港とカナダ・バンクーバーの中国人でしたし、前回はドイツの人達だったそうです。日本では布施が、菩提心に基づいた行為というよりも、加持を受けることへの代価や自分の名誉欲を満たすためのものになってしまっていますが、本来、布施はお寺への寄付に限ったものではなく、大乗仏教の修行の根本である六波羅蜜のひとつです。今回、人々の寄付によってリンポチェが説かれた教えを受けることで、数百人もの人たちが無上の幸せを感じるのを目の当たりにし、真の意味での帰依は不可能な俗人である今の自分にとって、わずかではあっても世俗の仕事の収入のいくらかを布施することが、世俗の仕事の時間をダルマから切り離されたものにしないための重要な修行であることが納得できました。

今回の旅は、私にとって、何かを得たというよりも、日頃の自分を反省させられることの方が多かったように思われます。といって別に自分を卑下しているわけでも、ブッダガヤに行ったのを後悔しているわけでもなく、いくらかでも反省できたこと自体、大きな収穫だったと考えています。

この旅では、様々な方にお世話になりました。私のような英語もろくにしゃべれず海外旅行の経験もほとんどない者が、無謀としかいいようのない旅に出かけて、無事帰ってこられたのは、それらの方々のおかげです。この場を借りて、心からの感謝の念を捧げたいと思います。

2　ネパールにおける『ダムガク・ズー』伝授とマラティカ巡礼

†ネパール・シェチェン寺における『ダムガク・ズー（教誡蔵）』伝授

『ダムガク・ズー（教誡蔵）』は、チベット仏教の八つの流れすべて（ニンマ派、カダム派、サキャ派、カギュー派、シャンパ・カギュー派、シチェー派、ジョルドゥク〔時輪〕、ウゲン・ニェンギュー。これは教えの系譜に基づく分類で、宗派、教団を基準にした別の分類法もある）それぞれの特徴的な教えを収録したもので、チベット仏教の超宗派（リメー）運動の旗手のひとり、ジャムグン・コントゥル・リンポチェによって編纂されました。

いろいろな高僧がたから、かつて故ディンゴ・ケンツェ・リンポチェ（一九一〇〜九一）がその教えを授けられた時の素晴らしさをうかがっていて、ディンゴ・ケンツェ・リンポチェの「心の息子」であるトゥルシク・リンポチェが教えを授けられることを聞き、せめて冒頭部だけでも、とネパール・シェチェン寺でおこなわれた教えに参加しました。帰国後、どうしてもあきらめきれないでいたところ、本堂内での受法許可をとっていたことが幸いして、周囲の方が配慮してくださり、短期留学という形で、再び教えに復帰することができました。

二〇〇二年十一月からはじまった『ダムガク・ズー』の伝授は、当日にその日のプログラムが張り出される（時には翌日に、昨日何がおこなわれたかが張り出される）という状態で、十一月の時点では、翌年一月中に終了するという説から四月まで続くという説まで、様々な噂が飛び交っていました（一月中という説は、二月にインド・ブッダガヤでニンマ・モンラム〔祈願祭〕がおこなわれ、チベット仏教ニンマ〔古訳〕派六大寺のひとつであるシェチェン寺はそれに参加する必要があるため、四月という説は、一月のブッダガヤでのダライ・ラマ法王によるカーラチャクラ・タントラの大灌頂や、ニンマ・モンラム等の重要な行事の期間は、教えが休みになるのではという期待から）。実際には二月末に伝授が終了し、最後の灌頂は三カ月籠もって修行する誓約を立てる必要があるもので、滞在期間をオーバーしてしまうため、受法で

各宗派のお帽子をかぶられるトゥルシク・リンポチェ

きませんでした。

†師の心の中の教えが受け継がれる

伝授はオリジナルの巻数の順ではなく、チベット仏教各宗派の教えを無上瑜伽の四灌頂に譬えた、「ラムデ（サキャ派の奥義）＝瓶灌頂、カギュ＝秘密灌頂、時輪＝智慧灌頂、ゾクチェン（ニンマ派の奥義）＝言葉灌頂」という説に従った順序でおこなわれました。

最初におこなわれたのは、カダム派のラムリムとロジョンの教えで、甚深・広大両系統の菩薩戒の授戒もこの中でおこなわれました。それにサキャ派、カギュ派、シャンパ・カギュ派（カギュ派の支派のひとつだが系譜が異なる。現在は数人の高僧が伝承しているだけ）、シチェ派（パタンパ・サンゲーによって説かれた、般若経に基づく教えとされる。この宗派のチュウの行法は各宗派で今も盛んに実践されているが、宗派自体は絶えてしまっている）、カーラチャクラ（時輪）の大灌頂、ウゲンパ（インドの大成就者たち）の教えと続き、最後に、ニンマ派独自の九乗の教判の中の、ニンマ派特有のマハー、アヌ、アティ（＝ゾクチェン。その中がさらにセムデ、ロンデ、メンガキデに分類される）乗の教えの順に伝授がおこなわれました。

今回の伝授の主な目的は、トゥルシク・リンポチェに『ダムガク・ズー』を授けた故ディンゴ・ケンツェ・リンポチェのヤンスィ（転生者）に教えを授けることにあり、ダライ・ラマ法王の命でニンマ派全体の管長を務めた故ドゥジョム・リンポチェとディンゴ・ケンツェ・リンポチェのヤンスィをはじめ、たくさんの高僧が参加されていました。一連の伝授の終わり頃におこなわれた長寿灌頂では、加持を受けるために人が殺到し、お寺の中も内も人垣が取り囲み騒然となる事態となって、加持は深夜まで続けられました。ある人が混雑を避けようと夜九時にお寺に行ったところ、まだ行列が延々と続いて、トゥルシク・リンポチェは朦朧となりながらも、ひとりひとりに灌頂を授けられていたということです。

今回伝授に参加して強く感じたことは、仏教の本質は経典の文字の中やお寺の建物の中にあるのではなく、師の心の中にあるものであり、それが世代から世代へと受け継がれていくものだということでした。

チベットの仏教は、三宝（仏・法・僧）を集約し体現した存在として、師僧（ラマ）への帰依を強調するため、かつて（非・正統な仏教というニュアンスで）「ラマ教」という名称で呼ばれたこともありましたが、空性という、言葉で捉えることができないものを伝えるには、その境地を師僧が示し、教えを受けた者の中の誰かがそれを理解し、一生かかってそれを成熟させ、また次の世代へ伝えていく、それ以外の方法は無いのでは、と思われました。

極端なことを言えば、教えを受けた大勢の中に一人でも理解できた者があれば、教えは続くのであり、どこかで誰も理解できた者があらわれなかったら、そこで絶えてしまいます。そうやって途絶えることなく受け継がれてきた教えが、さらに新しい世代に引き継がれる現場に居合わせることができたことは、何よりの幸せでした。

†チベット仏教の聖地マラティカ巡礼・出発まで

翌年の二月末までおこなわれた『ダムガクズー（教誡蔵）』の伝授の後、チベット仏教の聖地マラティカを訪れました。

教えを受けている間は、これが終わったらポカラ（観光地）で静養しよう、とか、いやいや前行の修行とチベット語の学習をせねば、とか、いろいろ考えていたのですが、いざ教えが終わってみると、灌頂（ワン）の受け過ぎで、湯あたりならぬ「ワンあたり」になったのか、エネルギーがあり余って、とてもじっとしていられそうにない状態でした。おまけに、何かよくないエネルギーも混ざっている感じで、これは浄化せねば、と、かねてから一度訪れたいと思っていたマラティカに巡礼に出ることにしました。

マラティカは、グル・リンポチェが明妃マンダラヴァと共に籠もり、無量寿仏から教えを受けて不死を成就したとされる洞窟で、チベットの教え、特にニンマ派に関心のある方は、名前をご存じの方も多いと思います。しかし観光地からはずれるのか、どのガイドブックにも見当たらず、日本語の通じる旅行会社で行程を聞こうと、観光客の集まるタメル地区に出かけました。

ところが、わからない。途方に暮れて、旅行会社を出て、そうだ、インターネットで検索すれば何か情報が見つかるだろう、とインターネットカフェに入った瞬間、停電。外に出てみると雲行きもあやしく、雷も光っていて、あわてて宿泊しているボーダナートに戻りました。どしゃ降りとなり、夜になって電気がようやく回復してから、ボーダナートで一軒だけインターネットカフェが開いているのを見つけ、Hallesie または Heileshe という別名があり、Lamidad の近く、Okhuldunga の東にあるということがわかりました。

次の日、昨日の旅行会社に行くと、「ハレシなら知っている。ヒンドゥー教の聖地だ。その洞窟の中にはいった人は天国に行けると信じられている」ということで、ヒンドゥー化はしているものの、不死の成就と内容が近いので、そこに間違いないようです。それでチケットの手配をお願いしたのですが、航空会社に電話をかけてもらったところ、何と、週末に飛ぶはずだった便がお客が集まったので今朝出てしまった、次の便は翌週末まで待たなければならない、と言います。翌週末の出発ではネパールでの滞在予定期間をオーバーしてしまい、行くことができません。それ以外の交通手段だと、バスに二日乗り、そこからさらにまる二日歩くしかない、というので、途方に暮れてしまいました。昨日の時点でわかっていたら今頃は飛行機に乗っていたのに、あそこで停電にならなければ、と嘆いても、どうにもなりません。おまけにこれまでずっと体調はよかったのが、急にひどい下痢になり、最悪の状態です。

これはパルチェー(障礙)に違いない、と思い、これまでの経験からいって、ひどいパルチェーがあるのはそれが自分にとって重要な意味を持つ時だ、と、ガイドを雇い、普段だったら躊躇するような、バスと徒歩によるマラティカ行きを決意しました。タメルの洋書店でマンダラヴァの伝記の英訳を見つけ、マラティカに行く途中、ジャングルの中を一人でさまよって苦しみ、現われたグル・リンポチェからそれによって悪しきカルマが浄化されたのだと告げられる所を読んで、体調はひどいものの意気は軒昂です。

†マラティカへ

旅行会社からバスの発着所に行き、カタリという所に行く夜行バスに乗り込みます。運転手の居眠り防止のためか、すさまじい音量で一晩中音楽をかけていて、こちらも寝られないまま、明け方カタリに到着しました。そこで少し休み、朝食を食べて、今度はグルミという所に向かうバスに乗り込みます。バスは大混雑の上に、床には運送用の荷物がうず積み上げられていて、舗装されていない、車が通ったタイヤの跡が深くえぐれている悪路を、右に左に大きく揺れながら進みます。それでも午後二時半くらいには目指すグルミが見えてきて、長かったバスの旅は終わりになりました。

翌日、朝六時半、宿を出発し、ジャイラムガートというところを過ぎたあたりから、神々の気配が濃厚になり、十二時頃、休憩をとった所は、なんか「ご挨拶」した方がよさそうな感じだったので、持参のクッキー等を食べる前にちょっとお供えしたのですが、後で聞いたら、そこはデビダラ（二十の女神、の意）という所で、道の上にお寺があるということでした。

その先は、もう人間の世界ではありませんでした。木々の間、川の中のあちこちに、神の気配が感じられます。川辺に一カ所、真っ白な砂浜の間から岩があちこち顔をのぞかせて、まるで石庭のようになっている所があって、風が吹くと、その砂が吹き上げられてくるくると舞い、太陽の光できらきら光り、神々が遊び舞い踊っています。

疲れはすっかり消え、歩みも快調だったのですが、「輪廻の中に楽はない」と言われる通り、それは長続きしませんでした。しばらく進んで行くと、川の流れが止まったかのようにゆるやかになり、水音もせず水面も鏡のような、時間が止まってしまったような場所に出て、そこは同じこの世のものではないとはいっても、死後の世界のように感じられる所でした。川の向こう岸に青竹が一本建てられていて、お祀りの場所かと思ってガイドに聞くと、火葬がおこなわれた跡だと言います。

その先の釣り橋を渡ってからは、蛇行する川の河原を歩いたり、尾根をショートカットしたりという、起伏の多い行程となり、西日も強く射して、疲れが急速に溜まっていきました。山の日が沈むのは早く、地獄の獄卒に追い立てられるかのように道を急ぎ、マハデベシに着いたのは夕方六時近くでした。

翌朝、マハデコラ川の岩だらけの河原を、上流に向かって登っていき、別の川が流れ込み、Y字になっている所から、ふたつの川に挟まれた尾根を登り、ついにハレシに到着しました。

†ハレシ（マラティカ）

ハレシは山の間に挟まれた石灰石でできた小さな丘で、あちこちに鍾乳洞が口を開けています。着いたのは、下の洞窟の前の水場で、右回りの巡礼路を登って上に行き、通りかかったお坊さんに教えていただいて、まず宿を確保したのですが、ここはマオイストの勢力範囲で、外国人は目立つから、日が暮れたら出歩かない方がいい、という忠告も受けました。実際、滞在中、外国人には一人も出会いませんでした。

上の洞窟が、ヒンドゥー教ではシヴァ神と妃のパールヴァティーが住んだとされ、聖地になっています（チベット仏教ではもちろんグル・リンポチェとマンダラヴァ）。洞窟の入り口の上にはチベット寺院もあるのですが、鍵がかかっていたため、まずは洞窟の方にお参りしました。洞窟の内部は鍾乳石があちこちで不思議な形をつくり、神秘的で、エネルギーが強いのですが、鳩やコウモリが住み着いており、ヒンドゥーの祭祀が長いこともあってか、何か空気が澱んで

マラティカ上の洞窟（左）と下の洞窟（右）

いるように思えます。

それから下の洞窟に戻って、中に入りました。ここはシヴァ神（グル・リンポチェ）が天井を突き抜けて空に昇った所とされていて、洞窟の一番奥の広くなっている所の天井には穴が開いていて、青空が見えます。そこにいると上に吸い上げられるようで、ポワやチュウの修行には最適の場所だと思いました。

その後でお坊さんの姿をお見かけしたので、お願いしてお寺を開けていただきました。ソルクンブのテクチェンチューリン（ダムガクズーを授けていただいたトゥルシク・リンポチェのお寺）の方達だそうで、本尊の無量寿仏の前でお祈りをする時に、一緒に真言を唱えていただき、感激しました。

他にもいろいろな見所があり、聖地にはお決まりの、グル・リンポチェの足形とか、中にはグル・リンポチェのトイレ（笑）なんていう珍品もあったのですが、上の洞窟から下の洞窟へ下る巡礼路の傍らにある、巨大なグル・リンポチェのお姿は、グル・リンポチェの存在が強く感じられ、毎日訪れるお気に入りの場所になりました。

自然に現れたグル・リンポチェのお姿

†旅で感じたこと

ハレシ（正式には、ハレシ・マハデ・イスターンという名前だそうです）には、四泊五日の短い滞在だったのですが、充実した日々を過ごすことができました。帰りは同じ道をとり、今度は基本的に下りなのと、道がわかっていて自分でペース配分ができるので、初日にジャイラムガート、次の日にはグルミからさらにバスでカタリまで戻り、今度は朝出発のバスに乗って、周りの景色を楽しみながらカトマンズに戻りました。

このように、今回の旅も意義深いものだったのですが、その一方で厳しい現実を目にしたことも事実です。川は日本のようにコンクリートで固められておらず、美しい自然のままですが、山は木々が伐採されたり山頂まで段々畑になっていたりで緑が少なく、山崩れを起こしている所も少なくありません。道で行き交う通商の荷を運ぶ人夫の中には、小学校の制服を着て、自分の体より大きな荷物を背負った少年をよく見かけました（ネパールでは義務教育は無料だが、労働力として期待されるため、就学率がなかなか高まらない)。道端にある食堂兼旅館では、私達の使った食器を洗っているのが十歳に満たない幼女だったりしました。

もし行かれる場合は、単独行は避け、土地勘があり現地の言葉を話せる方と同行されることを、強くお勧めします。

3 南フランスのソギャル・リンポチェのお寺を訪ねて

†トゥルシク・リンポチェの教えへの参加

二〇〇四年にソギャル・リンポチェが来日された際、大勢の西洋人のお弟子さんを三年三カ月のリトリートに入らせること、そのためにトゥルシク・リンポチェのような高僧をお招きする計画があることを話されていました。トゥルシク・リンポチェは、法王事務所の招きで来日されたことがあるので、教えに接した日本人もいらっしゃると思います。

当時、私は仏教のことを何も理解していませんでしたが、お姿を拝して「要するにこういう方のようになればいいんだ」と納得してしまいました。これで仏教はわかったも同然です(笑)。その後、インド・ブッダガヤとネパールで教えを受ける機会があり、一回でも多く教えを受けたいと常々願ってきました。そういうミーハー・ファン（？）としては、ソギャル・リンポチェのお言葉を聞き逃すはずもなく、心待ちにしていたところ、レラプ・リン（南フランスのソギャル・リンポチェのお寺）のホームページで告知を見つけ、問い合わせると参加ＯＫということで、喜び勇んで出発しました。

いつもだと重要な教えの参加にはあれこれ障害がでて大変なことになるのですが、今回は深刻な事態におちいることなく拍子抜けするほどでした。前々から決まっていた仕事ともすれすれでバッティングすることなく、二〇〇五年の十一月二十七日に奈良で講演を終え、翌日成田から出発して、パリ・ドゴール国際空港で国内線に乗り継いでモンペリエ空港に次の日の朝到着し、送迎のバスに乗り込んで、お寺までは直行です。

街を離れて自然の中を一時間ほど走り、川の傍の小さな町にたどり着いて、さあ到着と思ったのですが、バスはさらに山に向かって登りはじめ、周囲に白い雪が見えるようになり、バスの中でもこごえるほど寒くなって、ようやくお寺に着きました。尾根に修行小屋が立ち並び、それに囲まれるようにして、少し下に本堂が建っています。あたり一帯は冷たく、静寂で、近くには放牧の牛しかいません。後で聞いた話によると、わざわざフランスでチベットと同じ気候の場所を探したのだということでした。みぞれが降る中を本堂の外に並んで待っていると、トゥルシク・リンポチェも無事到着され、いよいよ教えが始まります。

ホームページには「ニンマ派・ゾクチェンの重要な教え」というだけで具体的な説明はなく、五日間が灌頂（ワン）、五日間が伝授（ルン）、最後の土日はソギャル・リンポチェの一般公開の教えと告知されていました。お寺に着いた時に聞いたのはニンティク・ヤシ（ロンチェンパがゾフチェンの二つの系譜を統合した教え）という話だったのですが、スケジュールは流動的で、最終的におこなわれたのはニンティク・ヤシの半分（カンド・ヤンティクとラマ・ヤンティク）、チェツン・ニンティク、白ターラー菩薩を本尊とする長寿の行（チメー・パクメ・ニンティク）などでした。

今回の教えは、ソギャル・リンポチェのお弟子さんの修行に必要なワン（灌頂）とルン（口伝）をトゥルシク・リンポチェから授けていただくという性格のもので、英語の通訳があるので期待していた法話の機会は少なかったのですが、短いながらも心に染みる内容でした。

十二月五日の教えでは、釈尊が最初に説かれた四聖諦は声聞乗だけでなくゾクチェンにも関係すること、本行よりも前行が重要で、なかでも無常の教えが大切であるということでした。熱心に教えを乞われたある師が弟子の手を握り「私は死ぬ、あなたも死ぬ」と三度繰り返し、弟子はその口訣を行じてさとりを開いたそうです。

最終日の十一日の教えでは、ゾクチェンは最も高度な教えであるものの、ロジョン（心の訓練）の努力がなければ高い見解は間違いに陥ることを指摘され、ゲシェ・ランリタンパ『八偈の心の訓練法』の、なかでも、一切を幻と知って執着しないという第八偈がエッセンスであると説かれました。

これはダライ・ラマ法王にも共通することですが、トゥルシク・リンポチェは密教やゾクチェンを特別視せず、釈尊の教えの枠組みの中で理解すべきことを繰り返し強調されます。それにしても、苦諦（四聖諦の一番目）の「ドゥンゲル・シェーパル・ジャー」（苦しみを知りなさい）という教えは、トゥルシク・リンポチェのお口から出ると、なぜこれほどまでにしみじみと心に響くのでしょう。パーリ仏典と共通する阿含経典の教えは驚くほどシンプルですが、釈尊のお言葉もきっとこのようだったのだと思います。

ソギャル・リンポチェのお寺

†最高の教えを西洋社会に

この時トゥルシク・リンポチェをお招きした目的のひとつに、新しく完成した本堂や仏像を加持していただくことがありました。レラプ・リンではこの後さらに内外の装飾を進め、七月にダライ・ラマ法王をお招きして正式の落慶法要をおこない、その直後から三年三カ月のリトリートが始まります。法王のほか、ズィガー・コントゥル・リンポチェ、ゾンサル・キェンツェ・リンポチェにすでに教えを説くお約束をいただいたというお話でした。

チベットと同じ気候の場所にお寺を建てることからはじまり、屋根はノルブリンカ、装飾はブータンのアーチストと、その分野の一流の方に依頼し、仏像も、釈迦牟尼仏はブッダガヤのマハーボディー寺院のものを写したもの、その他写真のみ残るサムエ寺にあった「私と同じ」というグル・リンポチェの像を復元するなど、お寺を訪れればチベットを中心とした仏教文化の最上のものに触れることができるよう計画されています。

大量のお弟子さんをリトリートに入らせるのも同じ理由で、最高の師をお招きして教えを授けていただき、それを身に着けさせることで、チベット仏教の最上のものを西洋社会に正しく伝えたいという強い思いがそこに働いています。

毎朝、読経のあとリンポチェの教えのビデオを見て学習する時間があったのですが、その時もお忙しいにもかかわらず、顔を出されて短い補足をするつもりがそのまま教えになったり、通訳も二人もお招きして万全を期していたのですが、それでもいろいろと口を挟まれ、結局途中から全部ソギャル・リンポチェご自身が通訳を務められました。チベットのラマの教えというものは、それによって何か知識を得るというより、こちらに向かって厳しく問いかけてくるものなのですが（トゥルシク・リンポチェの教えはまさにそうです）、ソギャル・リンポチェはそれとは少し異なり、教えたいという熱情の巨大な塊のような方です。

西洋に仏教を正しく広めたいというご意志の実現には、指導者であるソギャル・リンポチェご自身の健康と長寿が大前提です。そのことはお弟子さん達もよくわかっており、通常はテンシュク（長寿の儀式）というと、一連の教えの最後に教えを授けてくださった師に対しておこなわれるのですが、今回は特にお願いして、八十二歳のトゥルシク・リンポチェがソギャル・リンポチェのご長寿を祈られました。

この時リトリートに入られた三百人の皆さんが、教えを正しく受け継ぎ西洋社会に広められることを、祈願します。

4　南インドにおけるカーラチャクラ大灌頂と『中論』講義

†灌頂と法話の詳細

二〇〇六年一月に南インドでおこなわれた、ダライ・ラマ法王によるカーラチャクラ灌頂に参加することができました。

カーラチャクラ灌頂は、本来は即位の記念におこなわれる一世一代のものだったともいわれますが、ダライ・ラマ法王は世界各地で毎年のように大規模な灌頂をおこなわれており、通算三十回目となる今回は、仏滅後二千五百五十年に当たる記念の年でもあり、釈尊が最初にカーラチャクラ・タントラを説かれたというアマラーヴァティ（旧名ダーニヤカタカ）での開催になりました。

南インドはかつて仏教が栄えた土地で、付近にはナーガールジュナコンダの仏教遺跡もあり、アマラーヴァティの大塔もナーガールジュナが修築に関わったという伝承があります。田中公明『両界曼荼羅の誕生』（春秋社）はアマラーヴァティの大塔をナーガールジュナが『金剛頂経』を授かったとされる南天鉄塔に比定しています。また帰国後知ったのですが、道元『正法眼蔵』仏性巻には南インドで龍樹（ナーガールジュナ）が仏性を示し迦那提婆（アールヤデーヴァ）がさとったことをめぐる深い議論が展開されています。今回法王が前行法話の題材として選ばれたのは、ナーガールジュナの『中論』でした。

前行法話は一月八日から十日までおこなわれ、法王が作られた『ナーランダ僧院の十七人の賢者・成就者への祈願文』の解説から教えがはじまりました。『中論』は法王によれば「いかに輪廻を解脱して仏の境地に至るかが非常にわかりやすく説かれている」（！）教えで、かつて南インドの僧院で全体を講義された経験から、二十六章→十八章→二十四章の順に読むと理解しやすいとのことでした。教えも冒頭の帰敬偈の解説の後、この順番でおこなわれました。

カーラチャクラの灌頂は、子供のようにマンダラに入る七つの灌頂・高度な四つの灌頂・さらに高度な四つの灌頂・金剛大阿闍梨の灌頂からなり、法王が広く授けられるのは最初の「子供のようにマンダラに入る七つの灌頂」だけだともいわれていますが、今回はすべての灌頂がありました。

私が聞いた範囲では、一九九九年のブルーミントン（北米）と二〇〇二年のブッダガヤ（インド）でも同様だったようです。

大塔跡での記念撮影（グロン・イェシェ・リンポチェと）

灌頂は十二日に予備灌頂（タグン）、十三日にマンダラに入り（観想上のこと。作られた砂マンダラの開帳は本来はすべての儀式の終了後だが、参加者が多いため、灌頂と並行しておこなわれ、外国人は十四日の午後だった）、チベット暦で十五日（満月）に当たる十四日に本行（グーシ）である七つの灌頂と高度な四つの灌頂、十五日にさらに高度な四つの灌頂と金剛大阿闍梨の灌頂、十六日には、これは法王の教えなど大きな行事の締めくくりにおける通例で、もともとは行事の施主となった檀家のためのものともいわれていますが、長寿灌頂（今回は法王がよく授けられる白ターラ菩薩「イシンコルロ」——直訳すると「如意輪」ですが如意輪観音とは別）がおこなわれ、一連の伝授はすべて終了しました。

†高度な内容

アマラーヴァティはもともと小さな村で宿泊施設がほとんどなく、はるばるチベット本土から旅してきた方を含む約十万人の参加者の大半は、運営側が準備したテント暮らしで、そこは一月でも昼間は真夏のような暑さという環境です。

そこで法王が配慮され、教えや伝授は毎日午前中のみだったのですが、この機会にいろいろ教えを授けていただきたいというリクエストもあり、密教の灌頂には欠かせない声聞戒（私の場合は優婆塞戒である五戒）、菩薩戒（チベットでは大乗仏教は甚深と広大の二系統として捉えられており、菩薩戒の儀軌もシャーンティーデーヴァの教えに基づく前者とヴァスバンドゥの教えに基づく後者の両様がある。今回は後者）、三昧耶戒のほか、チベットで無上瑜伽、特にカーラチャクラの教えとの関連で重視される『文殊師利真実名経』、ツォンカパ『縁起讃』などの伝授もその中でおこなわれました。私達は午後はお休みですが、その間も法王は要人との会見などたくさんの仕事をこなされます。

私は法王のカーラチャクラ灌頂ははじめてだったのですが、規模の大きさと毎年のようにおこなわれるということから、セレモニー的なイメージをもっていたのが、実際に参加してみて、そのあまりにも高度な内容に愕然としました。「わかりやすい教え」とおっしゃった『中論』の解説は明快なものでしたが、初心者向けの内容ではないし、それを前置きとするカーラチャクラは、たしかに灌頂の意味を正しく理解して修行するには前提として『中論』レベルの仏教理解が必要になるもので、灌頂の受ける際の観想も、他の無上瑜伽の灌頂と比べても桁はずれに複雑なものでした。生命エネルギー（ルン）を上げたり下げたり、私は毎日灌頂の終わる頃にはもうへとへとでした。

前行法話の『中論』講義は、日本語通訳をつとめられたマリア・リンチェンさんによって翻訳・刊行されました（『ダライ・ラマの「中論」講義』大蔵出版）。

5　ラムキェン・ギャルポ・リンポチェによる『般若心経』講義

ディクン・カギュ派の高僧ラムキェン・ギャルポ・リンポチェが来日され、般若仏母の灌頂と『般若心経』の解説がおこなわれました（二〇一三年六月十五、二十二日。於、大本山護国寺大師堂）。

ラムキェン・ギャルポ・リンポチェは、亡命先のインドにおけるディクン・カギュ派総本山の再建や、散逸した教えの収集編纂、チベット本土の寺院の復興支援など、教えの復興に尽力され、たびたび来日されているガルチェン・リンポチェとも前世から深い結びつきで結ばれている方です。

前年、おしのびで来日されて寺院めぐりなどをされた際に、日本には地震などの災害が多く、それから身を守るには『般若心経』を学び、読誦するのがよいとお感じになられたそうです。

東日本大震災の直後にも、ダライ・ラマ法王がまったく同じことをおっしゃり、日本を訪れて、護国寺で四十九日法要をおこなわれ、『般若心経』などを読誦されました。そのご縁で、今回、護国寺における教えが実現しました。

†第一日目

六月十五日は、予報では一時雨ということで、天候が心配だったのですが、運よく降られずにすみました。大盛況で、朝早くから並ばれる方もいらっしゃって、主催者側でテキストのコピーを百部用意したのが、足りなくなってしまい、百十〜百二十人くらいの方が来られたのではと思います。特に灌頂は、お堂の中に入りきれず、外の縁側に座られて受けられる方もいらっしゃるほどでした。

般若仏母は、般若の智慧によって仏陀が生まれることから、般若の智慧を〝仏陀の母〟とお呼びするもので、今回おこなわれたのは、一面二臂、白いお姿の般若仏母の許可灌頂（ジェナン）でした。

灌頂の後、希望者に帰依戒（日本の帰敬式＝おかみそりに相当。仏法僧への帰依を誓い、髪を少し切り、法名をいただく）が授けられ、昼休みの後、『般若心経』の解説がはじまりました。

『般若心経』には、日本でよく知られた「観自在菩薩、行深波羅蜜多時……」ではじまるものと、他のお経と同様に「如是我聞……」ではじまるものとの二種類があり、チベットで用いられているのは後者です。短いものの前後に状況説明があり、チベット大蔵経には、インド仏教の『般若心経』の註釈書がいくつか翻訳されて収録されていますが、いずれも後者についての註釈です。「如是我聞」から始まるものを見ると、『般若心経』の内容は、釈尊の瞑想の境地を観自在菩薩（観音さま）が理解して、舎利子（シャーリプトラ。釈尊の高弟）に説明しているものだということがわかります。

解説は、題名がサンスクリットとチベット語の両方で書かれている理由や、経典に必要とされる五つの特別なもの（時、場所、説者、内容、聴衆）が備わっていることが示されていることからはじまりました。

経典には言葉で説かれた教え、加持によって説かれた教え、後で承認された教えの三種類があり、加持によって説かれた教えには、身・口・意による加持の教えがあり、『般若心経』は意による加持の教え（釈尊は瞑想中で、その瞑想の力によって、舎利子と観自在菩薩の問答がおこなわれた）であり、後で承認された教えでもある（長いものでは般若波羅蜜多呪の後、瞑想から起きられた釈尊が「よきかな〔善哉〕、よきかな〔善哉〕」と、観自在菩薩による説明を承認する）、という説明がありました。

短いもので「観自在菩薩、行深般若波羅蜜多時、照見五蘊皆空」と説かれている箇所は、長いものでは「観自在菩薩が、（瞑想中の釈尊が）甚深なる般若波羅蜜多を行じられているのをご覧になって、（その境地において）五蘊皆空であることをご覧になった」と説明されています。

護国寺大師堂での教え

初日は、有名な「色不異空、空不異色、色即是空、空即是色」に相当する箇所の詳しい説明と、それが五蘊のうちの色蘊についての説明で、「受想行識亦復如是」が、残りの四つの蘊（受蘊・想蘊・行蘊・識蘊）についても同様であると、説明を省略したものである、というところまででした。

†第二日目

翌週おこなわれた第二日目は、天候にめぐまれ、開け放たれた扉から吹き込んでくる風が心地よく、そこから見える外の木々の緑も美しく、せわしない東京にいることを忘れるほどでした。

インドからチベットに伝えられた伝統では、『般若心経』の内容を、仏教修行の五段階（五道――資糧道・加行道・見道・修道・無学道）に配当して説明します（以下は手元のメモに基づくもので、不正確な箇所があるかもしれません）。

第一日目に解説のあった「舎利子よ、……受と想と行と識なども空である」は資糧道と加行道についての教えで、それに続く「舎利子よ、そのように一切法は空性で、相が無く、生じること無く、滅すること無く、垢が無く、垢を離れることもなく、減ることもなく、増えることもない」が、空性を直接体験する見道に相当します。①一切法は空、②相が無く、③生じること無く、④滅することなく、⑤垢が無く、⑥垢を離れることもなく、⑦減ることもなく、⑧増えることもないが、甚深なる空の八つの性質で、三解脱門（空・無相・無願）に対応しています（①＝空門、②〜⑥＝無相門、⑦⑧＝無願門）。そのうち、「減ることも無く、増えることも無い」というのは、如来蔵について説いているということでした。

「舎利子よ、それゆえに空性において色は無く、……」は修道で、空を直接体験している瞑想の境地においては、一切あらわれのないことを示していますが、解説は、私たち教えを受ける側のレベルを考慮されておこなわれました。たとえば、五蘊についてひとつひとつ考えて、

「色は無く……」の理解にいたることができると、執着が無くなり、煩悩や我執の薫習が除かれ、輪廻から解き放たれるのであり、「無明が無く……」と十二支縁起が空であることを説いている箇所も、私たち凡夫にとっては、無明があるがゆえに生・老死の苦しみがあるという順観の説明をしたうえで、ここではそれらも実体ではなく空であることが説かれている、と説明されました。

「智慧も無く」というのは、般若の智慧も実体ではないこと、「得ることも無く、得ないことも無い」は、有（実在論）と無（虚無論）の二辺（極端）から離れていることで、一切の辺を離れた一味の境地にとどまっていることを示しており、「得る」という期待もなく、「得ない」という恐れもないというのは、三解脱門の無願門に相当します。

「舎利子よ、それゆえ……顚倒より完全に離れ、涅槃を究竟している」は、主体／客体（能取所取）という「顚倒」から完全に解き放たれた時に、仏陀の境地に至ることを説いています。

「三世に住される一切諸仏もまた、この般若波羅蜜に依って、無上正等覚を現等覚される」は、これまでの内容の要約です。

その後の般若波羅蜜多呪を説く箇所は、言葉による説明を必要とせず、一句でさとるような高次の菩薩に対する教えで、「それゆえに、般若波羅蜜多呪（は）……」の「それゆえに」は、これまでの説明を指しています。「偽りでなく真実であると知るべきで」とあるのは、この真言（呪）が法身から自ずと生じたものであるためです。（チベット語では）「タヤター・オン・ガテガテ・パーラガテ・パーラサンガテ・ボディ・ソヮーハー」の最初の「ガテガテ」は資糧道と加行道、「パーラガテ」は見道、「パーラサンガテ」は修道、「ボディ」は果としての菩提（さとり）の境地である無学道を表わしています。

「観自在菩薩、行深般若波羅蜜多時……」ではじまるものはここで終わりですが、チベットで用いられている「如是我聞」ではじまるものでは、この後、観自在菩薩の締めくくりの言葉と、釈尊が瞑想からおきられて（ただし、それは凡夫から見た姿で、実際の釈尊には瞑想中と瞑想後の違いがないという説明が、前回ありました）、観自在菩薩の説明を「よきかな（善哉）」とほめたたえて承認し、それによって観自在菩薩が説いた言葉ではあるが、仏陀の教えとして承認され、集まっている聴衆が喜んで、経典は終わります。

チベットの習慣では、『般若心経』を唱えたあと、三度拍手して除障法（ドクパ）をおこなうことが多いのですが、これについても簡単な説明があり、帝釈天がこれを三回読んだだけで魔の障害をおさえたことに由来するもので、それで三回拍手する、ということでした。

最後に、この教えを聞いた功徳によって、一時的な利益としては、日本の地震などの災害が鎮まり、究極的な利益としては、一切衆生が仏陀の境地に至るように願って廻向するように、という教えがあり、廻向の祈りが唱えられて、教えは終わりました。

†ナーガールジュナとのご縁

ラムキェン・ギャルポ・リンポチェの属するディクン・カギュ派の開祖ジクテン・スムグンは、チベットではナーガールジュナ（龍樹）の化身と信じられています。護国寺の宗派である真言宗も、弘法大師空海が中国で受けた灌頂の系譜を遡ると、南インドの仏塔（南天鉄塔）で、金剛薩埵からナーガールジュナ（真言宗では龍猛と訳す）が灌頂を授かったことにはじまるとされています。チベット人の考えでは、ディクン・カギュ派と真言宗は祖を同じくする教えということになり、リンポチェは、そのような真言宗の大師堂で教えを説かれることを、縁起がよいと、殊のほかお喜びでした。

たくさんの高僧が来日されてきましたが、ラムキェン・ギャルポ・リンポチェは、台湾人のお弟子さんが連れてこられ、この教えは、当時、ガルチェン・リンポチェの教えに基づいて一緒に『三十七の菩薩の実践』を学んでいた勉強会のメンバーが中心になって、会場や通訳の手配などをおこなって実現したもので、主催者側に回る経験をしたこともあって、とても印象深いものでした。ご好意で大師堂の使用をお許しくださった大本山護国寺さま、教えにご参加くださった皆さま、お手伝いくださった皆さま、本当にありがとうございました。

ラムキェン・ギャルポ・リンポチェはチュウ（観想で魔に身体を布施する行）でも知られてい

て、外国人観光客向けのパンフレットで華厳の滝の写真をご覧になって、「ここはチュウの修行にふさわしい場所だ」とおっしゃるので、急遽お連れしたのも、いい思い出です。なんでも、チュウの修行に最適なのは「百の山が見え、百の水が集まり、百の霊がいるところ」なのだそうです。華厳の滝は山に囲まれていますから周囲に百の山はあるでしょうし、滝のある崖からは小さな湧き水もたくさん出ていますから、百の水も流れているでしょうし、日本では有名ですが、きっと百の霊も……。

いつかここでチュウの修行をしましょう、とお願いしたのですが、チュウの灌頂はその次の来日で授けていただいたものの、修行はけっきょく実現しませんでした。二〇一七年にお亡くなりになり、坐った瞑想状態を保たれるトゥクダムを達成されたそうです（そのお写真が出回りました）。ご葬儀はアメリカでカルマパ十七世が執りおこなわれました。

6 『チベットの生と死の書』再読

数年前、あるところで、ごく少人数でソギャル・リンポチェ『チベットの生と死の書』（講談社）の読書会をおこないました。この本の翻訳は一九九五年に出ていて、私が教えを受けはじめた頃、バイブルのように読んでいた本です。どれくらい仏教理解が進んだかはともかく、たくさんのすぐれた師から直接教えを受ける幸運には恵まれたので、久しぶりに読み返すと、当時は気づかなかったいろいろなことが見えてきます。

†源泉としての師の存在

この本は、著者のソギャル・リンポチェが子供時代に接したジャムヤン・キェンツェ・リンポチェとの思い出を記した「まえがき」からはじまります。昔、読んだ時は、チベットに暮らしていた頃の思い出話、くらいにしか思っていなかったのではと思いますが、今読んでみると、ここここそが実は本文、メインパートで、後の内容はその解説というべきものであることがわかります。

仏教の核心部分は言葉を超えたもので、本に記されていて、それを読めばわかる、というようなものではありません。ですから、仏教が何たるかを理解するためには、その言葉を超えた境地をはっきりと知り、それに自分の心をなじませて、自分の振る舞いがその言葉を超えたものの現われとなるまでなった師と出会うことが欠かせません。著者は「わたしにとって彼はブッダだった。それについて疑問の余地はない」と断言していますが、師に接することによってのみ仏陀の智慧に触れることができるものだからこそ、実際には師から受けている教えを仏教、仏陀の教えと呼ぶのです。本書は、現代社会の生と死の問題について様々な方策を述べていますが、その智慧の源泉こそが「まえがき」に記された師の思い出なのです。

本書は『チベットの死者の書（バルド・トゥー・ドル＝中有における聴聞による解脱）』とその教えを生んだゾクチェンの伝統の叡智を、チベットの文化的な枠組みから解き放ち、現代社会の文脈に合わせた形で説き直す試みですが、伝統的なゾクチェンの修行では、「心の本質」に導かれる前に必要な実践として五十万回の前行がおこなわれ、グル・ヨーガ、師の智慧と一体となる行がその総仕上げとされているのは、そのためです。

†瞑想

著者は、瞑想の要点として、「心を我が家へ帰す」「解き放つ」「くつろぐ」の三点を挙げています（第五章）。これこそが仏教修行の核心にほかなりません。私たちの心は通常外に向けられています。現代社会においては特にそれがひどく、強迫観念的に、心を外に向けていないことがとても悪いことで、一瞬でも外に向けるのをやめると何かとてつもなく悪いことが起こってしまうかのように思われています。でも本当は、それこそがあらゆる苦しみの真の原因なのです。瞑想ではその心を内に向け、強迫観念から解放され、心の静けさにとどまります。そうやって自分の心をあらゆる恐怖、苦痛、苦悩——執着の牢獄から解放することが「解き放つ」です。心の緊張をゆるめることが「くつろぐ」です。

瞑想とは、けっして自分の心から湧き起こってくる様々な思いを敵のようにみなし、何も思いが湧かない状態を作り出そうとすることではありません。そもそも私たちが生きている以上、それは不可能なことです。また、瞑想をはじめた頃、かえって次から次へと思いが湧き起こってきて、手の打ちようがないと感じられることがあるかもしれません。しかしそれは瞑想がうまくいっていないのではありません。心に様々な思いが湧き起こってくるのに気づくようになったことが、心を内に向けたことの成果なのです。湧き起こってくる様々な思いを瞑想の妨げと考えてはいけません。湧き起こってくる思考を追いかけることなく、静かに内を見つめていれば、いずれその思考は消え去っていきます。「心は、あれこれといじくり回されることさえなければ、本来喜びに満ちているのである。ちょうど水が、かき乱されることさえなければ、本来透明で澄んでいるように」。かき混ぜられた泥水を静かに置いておけば、自然に泥は下に沈み、水は本来の清明さを取り戻します。それが瞑想なのです。

著者は、初心者は短い行をおこなった方がよい、四、五分行をおこない、一分ほど休みをとるのがよい、重要なのは、瞑想を終えてそれと切り離された日常生活をおくるのではなく、瞑想のやすらぎを生活にしみこませることだ、という故ドゥジョム・リンポチェの教えを紹介しています。

†母親の愛と慈悲の心の育て方

そうやって心を慣らしていくと、心は本来の清明さ、鈍らせたものではない、覚醒した安らぎを取り戻してきます。それは、著者が「まえがき」に記した、幼い時に師と共にあった際に感じていたやすらぎと別のものではありません。それは、「心の本質」が、師から授けてもらう何か特別なものではなく、普通はぶ厚い意識の層、様々な感情や思考に埋もれてしまっていますが、誰にでも常にそなわっているものだからです。それをはっきり知るためには、すでにそれを知っている師の導きが必要ですが、はっきり知らないまでも、意識の働きが弱まったときに、一時的にその影響を感じることはあるのです。

幼子が母の胸に抱かれて眠っているときの完全に安心しきった状態も、それに似たものと言うことができるかもしれません。伝統的な仏教の実践では、一切衆生への偏らない慈悲の心を喚起し菩提心をおこす方法として、母親の愛を考えること（一切衆生は前世の母という教え）も、それと関係しているのでしょう。

しかし、複雑な現代社会においては、母親との関係も様々であり、母親という存在が無条件に私たちに心の安らぎを喚起させてくれるとは限りません。著者は十二章で、チベットに伝えられた心の訓練法（ロジョン）のトンーレンの実践に基づいた、現代人向けの心のケアの方法を提案しています。

そこでは、自分の中に慈悲が呼びさまされていない場合、自分がかつて無条件に愛された経験を思い出し（人間は生まれてすぐに他人に依存せず一人で生きていくことはできないので、十分とはいえないまでも必ず誰かいたはず）、そうすればその思い出した相手に対して自然な愛情が流れ出し、それを多くの人に広げていく、と説いています。

あるいは、自分の幸せを白い光として与え、他人の苦しみを黒い煙として吸うトン―レン（直訳すると、与え―受け取る）の行の前行（準備段階の修行）として、自分を傷ついた自分とそうでない自分に分け、前者に対してこのトン―レンの行をおこなうことを勧めています。

生後しばらくの期間の母親との密接な結びつきがその人の人格形成に大きな影響を与えることは医学でも指摘され、ダライ・ラマ法王も来日講演でたびたび強調されていますが、これらは、一切衆生を前世の母と考えるという伝統的な教えのエッセンスと効果を、現代社会の文脈にあった形で提示したものといえるでしょう。

†現代社会における死と死への対処法

現代社会では、死について考えず、目を背けることが死への唯一の態度であるかのようになっていますが、いくら医学が発達して寿命が延びたとしても死を避けることはできず、その分、死は孤独で、すべてを奪い去る悲惨なものになっています。著者のソギャル・リンポチェはそれを仏教の説く天人五衰（てんにんごすい）――欲界の神々が死に際して味わう苦――になぞらえています。

著者は第一章を、自分が幼児期に体験したふたつの死――ひとりは、人間的にはすばらしいお坊さんでしたがいわば普通の死を死に、師によって導かれ、もうひとりのお坊さんは死に際して、自分には師との距離はないので師をわずらわせる必要がないと言った――からはじめています。後者のお坊さんが達成していたのは、「心の本質」をはっきりと知り、そこに留まるという境地でした。

有名な『チベットの死者の書』では、死者の意識の体験として、①死のバルド、②法性のバルド、③再生のバルドの三つの段階を説いています。意識が解体した瞬間、「心の本質」があらわになり（光明。1）、それが五仏を象徴する光や、さらには忿怒尊の形をとります（2）。それらを「心の本質」の現われと理解することができない場合、次に生まれ変わる世界が徐々に形を現わしてきます（3）。

著者は、これは心が顕在化するプロセスであって、死と再生だけでなく、あらゆる瞬間に私たちの心で展開されていると述べています（二十一章）。たとえば眠りに陥るとき、意識が薄れて一瞬根源の光明が姿を現わし、次の法性のバルドは夢が始まる直前で、普通の人はそれを捉えることができず、再生のバルドに相当するのが、私たちが普段見ている様々な夢です（驚くべきことに、『チベットの死者の書』が西洋社会に紹介された際、深層心理学者のC・G・ユングはこのことに直感的に気づいています。『東洋的瞑想の心理学』を参照)。

瞑想によって心の奥深い部分に降りていくことも同様の経験で、だからこそ、熟達した師は死者や死に行く人々を導くことができ、また普通の人とは異なる死を迎えることができるのです。著者は第十六章で、現代の偉大な師たち――カルマパ十六世、カル・リンポチェ(先代)、そして師ジャムヤン・ケンツェの死の際に何がおこったかについて語っています。

チベットには有名なポワをはじめ、様々な死のための技法が存在しています。著者は本書で伝統的なポワをベースにした、自分が死を迎えるためと、周りの人が死を迎えるときの瞑想法を紹介していますが、それはこのような心の構造の理解をふまえた、自分の意識を「心の本質」に溶け込ませる技法です。

†社会に合った教えの説き方

釈尊の教えは対機説法、一律の教えを説くのではなく、相手に合わせたものだったといわれています。仏教の真理は普遍的なものですが、どのようにしてそれを実践していくかは時代や状況によって変わり、チベットの伝統をそのまま機械的に西洋に移植しても、チベットと同じ効果は得られません。どのようにすれば西洋社会において同じ効果が得られるか、それが『チベットの生と死の書』で試みられたことです。

もちろんそれは筆者が仏教の心髄を理解しているから可能なことで、幼少期に高僧の生まれ変わりとして仏教のエリート教育を受け、亡命して長く西洋社会に暮らし、西洋式の教育も受けた筆者（ケンブリッジ大学卒業）ならでは、ということができるでしょう。

†日本に合った教えのあり方

以前、海外でソギャル・リンポチェとは別の師（アヤン・リンポチェ）にお目にかかった際、その方は何度も日本で教えを説かれたことのある方だったのですが、「私が見るに、日本人は「人間に生まれた貴さ」が実感できていない。そこが実感できないままで、どれほどすぐれた高僧から高度な教えを授かって、実践しようとしても、日本に教えは定着しないだろう」とおっしゃっていました。

何度も来日されたディクン・カギュ派の高僧ガルチェン・リンポチェは『三十七の菩薩の実践』を世界中で説いておられますが、その中で「人間に生まれた貴さ」については、第1偈で「得がたい暇満を具えた大船を得たこの時に……」と、すでに実感できたものとして語られており、それをいかに実感するかについては語られていません。しかしそれを実感していなければ、いかに『三十七の菩薩の実践』がすぐれた教えでも、絵に描いた餅です。二〇一二年の来日の際の一般講演でガルチェン・リンポチェは、どのようにして「人間に生まれた貴さ」を自覚するかを中心的に話され、それさえはっきりわかれば、牢獄にいても王様のような気分でいることができると請け合われていました（「ガルチェン・リンポチェ　その半生と系譜」YouTubeで公開）。

私が非才をかえりみず、「やさしい心を育てる」という講座（於、慈母会館）をおこなった（本書第五章1）のも、日本社会にあったダルマのあり方を考えてのことでした。釈尊は一切衆生を救おうと教えを説かれたのであって、仏教徒だけを救おうとされたわけではありません。仏教という宗教には関心がない人にも、仏陀の智慧は苦しみを和らげる様々なヒントを提供してくれるはずです。また、いかに「人間に生まれた貴さ」を自覚するかに焦点をあてた講座を設ければ、今後、高僧が日本を訪れて高度な教えを説いてくださる時、それが理解、実践可能なものとなって、教えが無駄にならなくなるのでは、という思いもありました。

そういう私にとって、『チベットの生と死の書』はこれからも、仏教の智慧をどうやって現代社会に生かすかについて考える上での、導きの書でありつづけるでしょう。

7 トクメー・サンポ『三十七の菩薩の実践』

『三十七の菩薩の実践』は、『入菩薩行論』などの註釈で有名なサキャ派のトクメー・サンポ（一二九七〜一三七一）が、仏教入門の第一歩からさとりの境地に至るまでの実践を、三十七の短い詩で描いたものです。お寺にはいった小僧さんが最初に暗記する教えとして、宗派を超えて用いられており、旅立ちに際して与えられる全体マップのような教えです。

この教えを世界中をまわって説きつづけているガルチェン・リンポチェ（「ガルチェン・リンポチェ『三十七の菩薩の実践』」YouTubeで公開）は、この教えを一回読むと、大蔵経すべてを読むのと同じ功徳がある、と請合われています。

仏子（菩薩）トクメー・サンポ（無着賢）著、三十七の実践

ナモ・ロケーシュヴァラ・ヤ（南無観自在菩薩）

一切法は行くことも来ることもない（不去・不来）と観じられているが、
衆生のためにひたすら励まれる、
最高の師と守護者観自在に、
常に三門（身・口・意）をもって恭敬礼拝します。

利楽の源である仏陀（無上正等覚者）たちは、
正法を成就することによって生じられ、それも
　また、
その実践を知ることに依っているので、
菩薩たちの実践を知りなさい。

1
得がたい〔八有〕暇〔十円〕満を具えた大船
〔の如き貴き人身〕を得たこの時に、
自他を輪廻の海より解脱させるため、
日夜たゆまず
聞・思・修するのが菩薩の実践です。

2
親しき者への貪りは水のごとく動き、
怨敵への瞋りは火のごとく燃えさかる、
取るべきもの捨てるべきものを忘れる愚痴の闇
　を持つ、
故郷を捨てるのが菩薩の実践です。

3
悪しき場所を捨てることで煩悩が次第に減り、
散乱しなくなることで善行が自ずと増え、
知性が澄んで法を確信する、
人里離れた処に籠もるのが菩薩の実践です。

4
長く交わった親友も散り散りになり、
努力して得た財産も後に残し、
体という宿を意識という客人が去る、
今生を棄てるのが菩薩の実践です。

5
交わると三毒（貪・瞋・痴）が増大し、
聞・思・修の実践が衰えて、
慈悲〔の心〕を失わせる、
悪しき友を棄てるのが菩薩の実践です。

6
依ると過ちがなくなり、
功徳が上弦の月のごとく増大する、

正しき師（善知識）を、自分の体より
大事に思うのが菩薩の実践です。

7

自身も輪廻の牢獄に繫がれている
世間の神の誰が守ってくれようか。
それゆえ帰依して欺くことのない、
〔三〕宝に帰依するのが菩薩の実践です。

8

極めて耐え難い悪趣の苦しみは、
悪業の果であると牟尼は説かれた。
それゆえ命を落とすとしても悪業を
いかなる時もなさないのが菩薩の実践です。

9

三世間（天世間・龍世間・人世間）の楽は葉先
　の露の如く、
瞬時に消える性質のもの。
いかなる時も変わることのない最高の解脱の境
　地を
求めるのが菩薩の実践です。

10

無始の時より自分をいとおしんでくれた
母達が苦しんでいるなら、自分の楽が何になろ
　う。
それゆえ無辺の有情を救うため、
菩提心をおこすのが菩薩の実践です。

11

あらゆる苦しみは自分の楽を望むことより生じ、
仏陀（無上正等覚者）は利他心よりお生まれに
　なった。
それゆえ自分の楽と他の苦しみを
正しく交換するのが菩薩の実践です。

12

誰かが大きな欲望の力によって自分の財産
すべてを掠奪し、もしくは掠奪させたとしても、
体と財産、三時（過去・現在・未来）の善行を
その人に廻向するのが菩薩の実践です。

13
自分に少しも過ちがないのに、
誰かが自分の頭を切ろうとしても、
あわれみ（悲）の力でその人の罪を
自分が受けるのが菩薩の実践です。

14
ある人が自分に様々な誹謗を、
三千世界に行きわたるほど声高に言ったとしても、
いつくしみ（慈）の心で再びその人の
功徳を説くのが菩薩の実践です。

15
たくさんの者が集まる中である人が、
罪過を暴いて酷く言ったとしても、
その人を師（善知識）と考えて
敬うのが菩薩の実践です。

16
自分の子供のようにかわいがって育てた人が、
自分を敵の如くみなしたとしても、
病気にかかった子供に対する母のように
一層かわいがるのが菩薩の実践です。

17
自分と同等か劣った人が、
慢心の力で侮ったとしても、
ラマ（上師）のように恭敬し、自分の
頭頂にいただくのが菩薩の実践です。

18
生活が苦しく常に人から侮られ、
重い病いと魔にとりつかれても、それでも
一切衆生の罪悪を自分に引き受けて
ためらわないのが菩薩の実践です。

19
名声が広まってたくさんの人が頭頂で恭敬し、
〔財神〕毘沙門天と等しき財をなしたとしても、
輪廻の富には実体がないと観じて、
慢心しないのが菩薩の実践です。

20
己れの瞋りという敵を手なずけることができないなら、
外の敵を調伏しても増大する。
それゆえ慈と悲の軍隊で、
己れの心（心相続）を調伏するのが菩薩の実践です。

21
貪りの特性は塩水と同じ。
どれほど享受しても愛着は増大する。
何であれ執着を生じさせる対象を、
直ちに棄てるのが菩薩の実践です。

22
いかなる現われも、それらは己れの心。
心の本質は本来戯論の辺より離れている。
それを理解することによって、主客（能取・所取）の相を
作意しないのが菩薩の実践です。

23
心引かれる対象（境）に接しても、
夏季の虹のように、
美しく現われるが真実はないと見て、
執着を捨てるのが菩薩の実践です。

24
様々な苦しみは夢で子供が死ぬようなもの。
幻影（迷いによる現われ）を真実と捉えると疲れてしまう。
それゆえ逆縁と出会った時、
迷いと見るのが菩薩の実践です。

25
菩提を望んで体さえも与える必要があるなら、
外の財物は言うまでもない。
それゆえ見返りと将来の果（異熟）を期待せず、
布施を与えるのが菩薩の実践です。

26
戒律がないことで自利を成就できないなら、

他利を成就するのを望むのは笑いの種。
それゆえ輪廻を望まない
戒律を守るのが菩薩の実践です。
27
善の財を望む菩薩には、
危害を加える一切は宝の蔵に等しい。
それゆえあらゆるものに恨みを持たず、
忍辱を修習するのが菩薩の実践です。
28
自利のみを成就する声聞・独覚すら、
頭に火が降りかかったのを払うように精進する
　のを見るなら、
一切衆生のための利益の源である
精進に励むのが菩薩の実践です。
29
止を充分伴う観によって、
煩悩を完全に滅することを理解することによって、
四無色を完全に超越した
禅定を修習するのが菩薩の実践です。
30
智慧がなければ五波羅蜜によって、
無上菩提を得ることはできないので、
方便を伴う三輪清浄の
智慧を修習するのが菩薩の実践です。
31
己れの迷乱を己れが分別しないなら、
仏教徒の姿で非法をなすことになるので、
それゆえ常に己れの迷乱を
分別して捨てるのが菩薩の実践です。
32
煩悩の力によって他の菩薩の
過ちを説くと、自分自身の過ちとなるので、
大乗に入った人（プトガラ）の
過ちを言わないのが菩薩の実践です。
33
財と敬意の力によって互いに争って、

聞思修の行ないが衰えるので、
友達の家と施主の家などへの
執着を捨てるのが菩薩の実践です。

34
荒々しい言葉によって他の心をかき乱して、
菩薩の行のあり方が衰えるので、
それゆえ他人が悦ばない、
荒い言葉（悪口）を捨てるのが菩薩の実践です。

35
煩悩に慣れると対治によって遮るのが難しくなるので、
憶念と正知の士は対治の剣を執って、
執着などの煩悩を最初に生じるや否や、
取り除くのが菩薩の実践です。

36
要約すると、どこで何をなそうとも、
己れの心の状態がどのようであっても、
常に憶念と正知を具えることによって、
他利を成就するのが菩薩の実践です。

37
このように精進して成就した善根を、
無辺の衆生の苦を滅するために、
三輪清浄の智慧によって
菩提に廻向するのが菩薩の実践です。

経典・タントラ・論書に説かれた意味と、聖師のお言葉に従って、三十七の菩薩たちの実践を、菩薩道を学ぼうとする者のために著しました。知性も劣り浅学のため、賢者が喜ぶ修辞はありませんが、経典と聖師のお言葉に依っているので、菩薩の実践に過ちはないと考えます。けれども広大なる菩薩行は、自分のような知性の劣る者には深遠すぎるため、矛盾や不連続などの過失については、聖師達の堪忍をお願いします。これにより生じた善根で、一切衆生が、勝義・世俗の最高の菩提

心によって、輪廻と涅槃の辺に住しない、守
護者観自在と等しくなりますように。
これは自他の利益のために、阿含と論理を説

かれた尊者トクメーが、グルチューのリンチ
ェン窟にて著した。

補

「グルイズム」とオウム真理教事件

オウム事件関連の死刑執行がおこなわれました。事件の被害者やそのご家族、その人のしたことの是非はともかく、処刑された人のご家族、いろいろな悲しみ、思いがあると思います。

†ある学生との対話

私自身、事件当時は、サリンが撒かれた沿線に住んでいて、当日はたまたま前日実家に戻ったため、被害にあわずにすんだのであって、ごく近所に被害にあわれた方もいましたし（満員電車で幼子を抱え、混んでいたので子供は自分の服で包んでいたのでサリンを吸わず、でも本人は吸ってしまった。教団の報復がこわく、原告団には加わらなかったそうです）、私も、地下通路のトイレに青酸ガス発生装置がしかけられたとき、ちょうどその前を通っていました（装置が作動せず、未遂に終わりました）。

報道で、教えに行っている大学のひとつに、信者勧誘のダミーサークルがあることを知りました。同じ大学に、ちょうどサリンが撒かれた直後の電車に乗っていたという学生もいました。アナウンスもなく、駅で止まることなく通過して、ホームを見たらたくさんの人が倒れていたそうです。

それまでは宗教というのは色眼鏡で見られがちなので、大学ではあくまでも自分の専門は伝統文化だ、というスタンスでいたのですが、宗教を知らないことが、むしろ危険を生み出していることを痛感して、覚悟を決めて、教団の出版物、内部資料などを可能な限り集めて、もっている授業のなかで一コマだけ、オウム問題を取り上げました。

ある日、教室の外で待っている学生（信者）がいて、「オウムへの誤解を解きたい」というので、いろいろ二人で話しました。事件後、入信したそうです。心配していたことがおきてしまった、と思いました。

テレビのワイドショーでは、教団があちこちに書籍やビデオなどを販売している店を出していることを面白おかしく紹介していました。それは無料でコマーシャルを流しているようなものです。そもそも、なぜダミーサークルなどを作るかというと、いろいろと問題のある団体でも、末端の信者はダーティな部分を知らず、純粋に信仰心にあふれていますから、そういう末端の信者に信者獲得をさせるのが、人集めでは効果的なのです。

テレビでは、オウムの修行による神秘体験はインチキで、薬物などの幻覚作用によるものだと断定していました。しかし、瞑想で変わった体験をすることは、めずらしいことではありません。

呼吸のやり方を変えれば血液中の酸素量も変わるでしょうし、光が見えたりとか、瞑想中に頭頂から（オウムが甘露といっている）冷たい感覚が流れてきたり、それが空中浮揚の前段階かはともかくとして、結跏趺坐の状態で跳ねる、ということも起こりうることです。

もちろん、こういう体験は個人差があり、オウムは国家との戦争を考えていて、信者全員を戦士とするために、薬物を使って全員に幻覚体験をさせようとしただけで、全部をインチキだと言い切ってしまうと、もしそういう店に好奇心で行って、瞑想を勧められて、何か体験したとしたら、マスコミの言っているのが嘘で、オウム側の主張を信じてしまうのではないか、それが一番危惧したことでした。

聞いてみると、その学生はやはりテレビを見て、好奇心で店に行ってみたところ、想像したような変な人たちではなく、勧められて瞑想をしてみたら、特別な体験をしたということでした。一度でいいから授業に出てくれないか、と頼んだのですが、「先生の授業を受けると地獄に落ちますから」と断られてしまいました。

教祖の著作は、体質的に受け付けない、私の苦手、大嫌いなタイプだったのですが、信者の声をつづった出版物（バブル全盛期、その浮かれ具合についていけなく、確かなものを得たいと願った）には共感できる部分もあり、もし、たまたまそのような本を最初に手にとっていたら、教団を訪れてみようと思ったかもしれない、とも思いました。

†「本の知識」から実践の道へ

脱会した幹部が、事件の原因はチベット仏教の本から「グルイズム」を取り入れたことにある、という手記を発表し、一時、「ポア」「マハームドラー」などとともに、「グルイズム」も流行語のようになりました。

当事者の発言ですから、それに対して反論したり議論するつもりはないのですが、私自身、元ネタだという本を持っていて、そこには間違った師につくことの危険性、功徳を積むどころか、たちまち功徳をすりへらしてしまうということが書かれており、報道にはかなりの違和感を覚えました。

> これからダルマの修行に出ようというほどの者は、だからかならず自分のラマとなる人を、しっかりと観察して、正しい選択をしなければならないのだ。そうしないと、木の根元の薄暗がりに、不用心に手を突っ込んで、間違ってとぐろを巻いた毒蛇を、つかんでしまうようなことになる。すぐれた師をみつけないと、弟子の徳がどんなにすぐれたものであっても、

それはすぐに消耗していってしまう。人間に生まれ、せっかくの有暇を得たというのに、それでは毒蛇にかまれて、死んでしまうようなものだ。(『改稿　虹の階梯』中公文庫)

そもそも、師から教えを受けるのではなく、本から「グルイズム」を取り入れた、という時点で、吉本新喜劇の「通信教育の空手の黒帯」のような話なのですが、それを指摘する声はほとんどありませんでした。

世間の評価とは逆に、「グル」を知らない、「グル」からではなく「本の知識」で仏教を学んだことが事件の本質だと確信し、それまで関心はあるものの、足を踏み入れることを躊躇していた、実践の道にはいることにしました。

†神秘体験は修行の本筋ではない

実践の道に入ってわかったのですが、(ポアならぬ)「ポワ」にしろ、「マハームドラー」にしろ、オウムの教えの多くは、欧米で出版された本などから、きっとこんなものだろうと推測したものでしかなく、本当の「ポワ」や「マハームドラー」とは似ても似つかないものです。彼らは本当の「ポワ」も「マハームドラー」も知りません。高僧とのツーショット写真を宣伝に利用しているだけで、そもそも、もしそれらの高僧が教えを授かった「グル」で、オウムが言うように「グルへの裏切りは地獄行き」なのだとしたら、まず真っ先に本人が地獄に行かないといけません。

「グル」が試練を課し、それをクリアしたら、教えを授けてもらえる、なんて嘘っぱちで、そういう心でいるうちは、何も授けてもらうことはできません。ミラレパの伝記で説かれているとおりです。


ある日のこと、マルパはミラにこう言った。「わしにはウヴァン地方からの、たいそう熱心な弟子たちがいるが、ヤルトク・タクルンとリンパの連中はひどい奴らで、そんなわしの弟子を襲ったり、追い返したりして、邪魔をするんだ。奴らをこらしめるために、おまえの得意な雹を降らせて、奴らを困らせてやってはみてくれないか。まあ、これもダルマのうちだ。それができたら、教えてやろう」

ミラは雹を降らせて、里人を苦しめた。ミラはもどって、教えを乞うた。マルパが答える。

「おまえはそのぐらいの手柄を立てたぐらいで、わしが艱難辛苦のすえに、インドから運んできたダルマを、学びとれると思っているのか。ダルマを学びたいのなら、まず、呪術をロタク・ラカの人々に差し向けろ。彼らはニャルロンからやってくる、わしの弟子たちの邪魔をしているからな。それがみごとにできたなら、わしはナローパの偉大な法をおまえに伝えもしよう」

そこで、今度もまた、ミラは呪術で雹を降らせた。彼はマルパのもとに帰り、ダルマを求めた。マルパはそれを聞いて、彼をあざ笑った。「はっはっはっ。おまえが犯したその程度の罪が、わしの知るところの神聖な教えに値すると思うのか。大馬鹿者め。……おまえはヤルトクの人々の被害をうけた畑を元通りにして、ひどい目にあったラカの人々に、つぐないをしなければならない。（同前）

仏教の実践は心と心の本質に取り組むもので、まだ心の本質を知らない段階で、マハームドラーやゾクチェンのような、奥義である心の本質にとどまる方法を習ったとしても、何の役にも立ちません。

世間のイメージとは逆に、瞑想で変わった体験をすることなどよくある話で、何かとてつもない体験をした、自分は特別な存在ではないか、もしかしたらさとったのではないか、そういう思い上がりを打ち壊すためにこそ、指導者は必要なのです。

『虹の階梯』の著者は、ネパールでポワの修行をした際に、幽体離脱のような、自分の体を外から見ている体験をしたそうです。喜んで師に報告した著者に、師は次のように言いました。

「おまえはそこで何を見ていたのだと思う」ラマがたずねた。私は「ポワ」について口伝の中で教えてくれたことを思いだしながら答えた。

「意識（セム）を身体の外に抜き出して阿弥陀ブッダの浄土に送りこめたわけだから、空性というものを体験していたのではないですか」

「ちがう。おまえの見ていたのはただの幻にすぎん。そこが終着点だなどと思ったら大間違いだ。それにおまえはすぐ自分の体験に名前をあたえて理解のおもちゃ箱にほうりこんで安心しようとする。おまえの体験していたものは空性なんかではまるでない。ただの幻を見ていたにすぎないのさ」

「……おまえの心を探っていけば、水のたまった目玉が外の世界に見てる現実がけっきょくはいちばん堅固なものだと考えてるはずだ。そこでちょっとばかり瞑想のテクニックを憶えて意識の状態を変えることができると、今度はそこで体験したことを絶対化して、名前をあたえ、この現象界にたいする空性だなどと言ってみせているだけだ。水の目玉が見ている現実も、瞑想で体験する現実も、どちらも現実などではない。おまえはまだ現実というものをつかみきっていないのだ」（「孤独な鳥の条件」『チベットのモーツァルト』講談社学術文庫）

本人にとってそれがどれほど鮮やかで、驚嘆すべき体験だったとしても、それはきつい言い方をすれば、一種の生理現象にすぎません。犬には人間の耳に聞こえない領域の音が聞こえますが、だからといって、犬が解脱しているわけではありません。

自身も師の指導のもとで修行した師は、そのことを経験的に知っており、だからこそ、正しい指導ができるのです。

事件後、オウムの問題を追及してきた江川紹子さんのインタビューで、来日されたポワで有名なアヤン・リンポチェは次のように答えています（『チベット文化研究会報』一九九六年一月号）。

密教の修行をすると、幻視体験もあるでしょうし、いろいろなものが見えることもあるでしょう。しかしそういうものは修行の過程で自ずとあらわれるものであって、幻覚を見たいなどと願ってはいけません。そんな願望を抱くとかえって修行の妨げになります。

修行の最中に幻視体験が生じたり、いろいろなものが見えたとしても、それを他人に口外したり自慢したりしてはいけません。そうしたことは自分の先生にだけ打ち明けるものなのです。

神秘体験や超能力にこだわること自体ひとつの煩悩です。神秘体験に執着しているわけですから。執着の心をおこせば、輪廻世界にとどまる原因をつくりだすことになります。それでは修行の本筋からはずれてしまうことになるでしょう。

†殺人肯定の教義などない

オウムは、チベットには殺人肯定の教義「ヴァジラヤーナ」(正しくは金剛乗〔ヴァジュラ・ヤーナ〕、密教のこと) があると説いていました。その根拠とされた教えのひとつは、すでに指摘のあるように、密教ではなく、大乗経典の『仏説大方広善巧方便経』に出てくるものです。釈尊が前世、船長だった時に、乗客に悪人がまじっていて、乗っていた他の五百人の商人を皆殺しにして、荷物を独占しようとした。それを知った船長は、悪をなさしめないために、その悪人を殺した、という話です。

仏教では、殺人をきわめて重い罪で、悪しきカルマを積むことになる、といさめています。十不善の筆頭が殺生で、在家の五戒でも不殺生が説かれ、比丘の戒では、殺人をおこなった瞬間に、比丘の資格を失う、とされています。

この経典で問題にされているのは、では人を殺さないというのが仏教の教義であって、いついかなる時もそれに従うのが正しいのか? ということです。

乗客皆殺しの計画があるのを知りながら、何もせず、五百人が殺されるのを黙って見ていて、「私は殺生戒を守った。私のとった行動は間違いがない」と、果たしていえるのだろうか。その悪人自身も、五百人殺しという大きな罪を作ってしまうことになる。利他という観点からするならば、それをなさしめないために、他に手段がなければ、その人を殺す、ということもあり得るのではないか？　経典はそのことを問題提起しています。

もちろん、これはきわめて危険な考えです。オウムがやったように、これを証文のようにして、自分の殺人を正当化する危険は十分あります。しかしこれは殺人肯定の教義などではなく、仏教には教義がないこと、人を殺してはいけない、は基本原則ではあるが、状況によっては例外もありうることを説いたものなのです。

状況を適切に判断するためには、慈悲と智慧を備える必要があります。教祖に殺せと命じられたら、自分では判断せず、言われるままに殺す、ということではありません。

何よりも、乗客皆殺しを防ぐためにやむをえず悪人を殺した話を根拠に、地下鉄に猛毒ガスを撒いて乗客を皆殺しにしようとすることが許されるわけがありません。考えてみたら、わかることです。

†選択不可能な唯一の道を示すのが真のグル

一般原則として、殺生はいけないことは言うまでもないが、状況によっては例外もありうる、という考えは、ラマ（グル）を選ぶ一般原則と、根本ラマとの出会いにも当てはまるかもしれません。

『虹の階梯』のもとになっているのは、『クンサンラマの教え』という、チベットで広く知られている前行のテキストで、そこでは選ぶべき師の特質、選ぶべき弟子の特質、教えを説いてはいけない相手、師を選ぶのには慎重になるべきことが、詳しく説かれています。

しかし、オウムが説いたように、ミラレパにとっての師のマルパ、ナーローパにとってのティローパが、そのような条件にあてはまり、慎重に時間をかけて選ばれた存在かというと、確かにそれは違います。

ラマについての一般原則はたしかに参考になりますが、その人を真に導く根本ラマとの出会いには、それが当てはまらないケースもありうるのだと思います。

教えのなかの選ぶべき師の特質は、たしかに参考になるでしょうが、選ぶという行為は「心」がおこなうもので、「心の本質」とは関係ありません。それはちょうど、お母さんが娘に、恋の相手はよく選びなさい、不用意に恋に落ちてはいけませんよ、と言い聞かせているようなものです。よくよく選んで、この人にしようと思ったからといって、恋心が生じるものではないし、相手がだれであろうと、好きになったら、もうどうしようもない、根本ラマはいやおうもなくやってくるもので、選べるものではありません。

だからといって、穏やかで穏当なことを説く方はたいしたことがなく、髭ぼうぼうで過激なことを説く師こそが本物だ、というのは、自分のイメージしている「根本ラマ」像の投影でしかありません。

そもそも、グルがあえて困難な道を示し、その試練をクリアするのではなく、グルが示す道というのは、平坦な道だろうと、困難な道であろうと、どう考えてみても他に道はない、選択不可能な唯一の道を示してくれるのが真のグルです。

弟子の側にできることは、その道の前で躊躇するか、決心して歩みはじめるか、しかありません。

仏陀がそうやって弟子を導き、その弟子がまた弟子を導き……、そうやって受け継がれたものだからこそ、現代のお坊さんが説く教えが、そのお坊さん個人の考えではなく、「仏」教たりえるのです。

その昔、タクポ・リンポチェがミラレパの許を去る前に、師にこうたずねたと言う。

「ジェツン・ミラ、私はいつ、人々にダルマを説くことができるようになるでしょう」

これにたいしてミラレパが答えた。

「ある日、おまえにも覚醒のときがきて、そのときにはこの世の一切のものが以前とは異なる姿で見えてくるだろう。そうすると、おまえの老いぼれた父親(おやじ)のようなこのわしが、現実のブッダそのものだという確信が生まれてくるだろう。その時から、おまえは人々にダルマを説くようになるだろうさ」（『改稿　虹の階梯』）

†人間の作る組織でおこりうること

元信者の手記などを見ると、オウムの犯罪は、修行中に死亡事故がおこり、それを隠蔽するために死体をひそかに焼却し、それを知った信者の脱会を阻止するために殺害、敵対する弁護士一家の殺人、ボツリヌス菌を培養して大量散布する計画、猛毒ガス・サリンの大量生成と散布計画、とエスカレートしていったことがわかります。

世界を震撼させた地下鉄サリン事件は、疑惑の眼が向けられ、警察の察知するところとなり、捜査撹乱のために、試作していた中間生成物を利用しての、当初の計画から見れば、ごくごく小規模のものでした。

信者が犯行に関わった動機は、「真理を守るためには違法行為もやむをえない」と考えた者、断ったら自分が殺されると思った者、様々です。死亡事故が明るみになったら教団がダメージを受ける、という一番最初の段階で、要は自分を守りたい、自分やその団体が傷つけられる恐怖心が真の動機であって、それに「真理を守る」などというレッテルを貼っただけであることがわかります。

その人の歩む唯一の道を示すのがグルですから、科学者出身の信者にサリン製造を競わせて、達成できたら解脱したと認定する、などというのは、宗教とは関係ない、会社の出世競争に類する話です。

閉鎖社会で競わせれば、女性信者が教祖の寵愛を競ったり、犯罪行為を競ったり、ありとあらゆることがおこりえます。

しかし、それは仏教であるかどうかはともかくとして、人間がこの世で作る組織である以上、いつでもおこりうることと考えなければなりません。オウムの事件は、信仰に関わる者にとって、他山の石とすべき、けっして忘れてはならない事件です。

チベットの歴史でも、力ある修行者が怒りや恨みを抱いたことがきっかけで、魔に変じてしまったという話がいくらでもあるといいます。

勉強が進めば進むほど、瞑想が深くなればなるほど、あなたはいよいよ謙虚で、おだやかで、へりくだった人間になっていかなければならない。嫉妬心を制圧して、他人の持っているすぐれた点、美しい点に、すなおに感動できる心になっていかなければならない。そうでなければ、ダルマの修行などをしても、自我を肥大させ、謙虚さを失わせ、嫉妬心を増進させ、修行などをしなかった時よりも、もっとひどいところへ、あなたは連れていかれてしまう。そして、実際に、そういう修行者はこの世にたくさんいるのだ。

鳥のように空中へ浮遊したり、岩を通り抜けたり、千里眼を持っているという修行者はたくさんいる。しかし、もしもそれらの「超人」に、菩提心が欠けていれば、そんなものはただの見せ物で、人々を本当に救う力などは持たないのだ。「超人」は、並の人を超えて菩薩へ向かうかわりに、ヨーガ修行を積んで「魔物」にたどりついていく。そういう「超人」は、人であることを超えようとして、人として生まれたことの持つ、もっとも貴重な宝をむしろ失っていくのだ。（同前）

あとがき

本書のなかでもたびたび述べてきたように、仏教には決まった教義はありません。一人一人歩む道は異なり、師の説く教えにも違いがあります。

本書は、私が様々な師から教えを受け、すこしずつ理解していったことを、他の関心ある方の参考になればと、まとめたものです。煩瑣になるので、いちいち記しませんでしたが、基本的に私の考えではなく、様々な師から受けた教えに基づいています。

教えを受けた師のなかには、すでにこの世を離れられた方もいらっしゃいます。その思い出と、私自身がすこしずつ理解していった過程を残す意味で、「私のチベット仏教体験」として、その一端を紹介しました。

私がチベットの伝統を学び始めた頃、目から鱗が何枚も落ちる思いをした、次のような教えがあります。

「もし、あなたが生というものを恒常的なものだと考えているならば、たしかに死は不愉快なものでしょう。生を恒常的なものと考えること自体が、死を恐れさす原因なのです。生というものが無常であり死は必ず訪れるということがわかっていれば、死は不愉快なものでも恐ろしいものでもありません。……私たちが息を吐く時、これはある種の死です。次に息を吸う時、これはある種の生です。息を吐いて吸うことができない場合、これが死なのです。死ぬこと自体はとても単純なことがらです。生はひじょうに壊れやすいものなのです。率直に言って、死を意識しないということは無知なことです。無知が何を生むかというと、それは仮の人生です。人々は真実の上にではなく仮の上に生きているのです。人生を深く洞察するならば、全ては無常だということがわかります。無常こそが真実です。……私たちは無常を観想することによって死が必ず訪れることを知ることができます」

「もしも無常ということに自覚的であれば、人は生というものにもっとありがたみを感じることができるでしょう。全てを「当たり前」とは思えなくなるのです。西洋では人間関係の問題事がたくさんあります。たとえば、とても良い奥さんがいても、ご主人にとってはそれは「当たり前」であることがあります。ある段階にまでくると奥さんは「もう我慢できない」という気持ちになり、ある日「出て行きたい」とご主人に告げます。その時、ご主人は突然に事態を知ることになります。彼は急いで自分の態度を改めようとしますが、もはやそれは遅すぎるのです。死も同じように急に訪れます。ですので、死にそうな時だけではなく、健康に生きている時から、お互いの人間関係を良くするためにも、死を知るということがひじょうに大切になります。死を知ることによって、全てのことがらを当たり前だとは思わなくなるのです。あらゆる事象を絶対不変だなどとは思わなくなるのですね」

「とにかく、自分で実際に取り組むことが重要です。世の中にはすばらしい哲学や教えがたくさんありますが、実践しなければその恩恵を受けることはできません。故ドゥジョム・リンポチェが絶えずおっしゃっていたことは「お経を他人に唱えてもらうのではなく、少しでもいいから自分で唱えるようにしなさい」ということでした。……仏教は体験することから始まります。自分自身の中に存在する仏性を感じることによって仏教は始まるのです」

(ソギャル・リンポチェ「『チベットの死者の書』解説」『チベット文化研究会報』一九八八年四月号)

私たち日本人は仏教の無常というと、「川の流れはたえずしてしかも元の水にあらず」のような、自然の移り変わりと結びついた独特の無常感をもっていますが、よく考えたら、無常についての文化イメージと、真に無常を理解することはまったく別です。

奥さんの日々の献身を当たり前だと思い、奥さんが耐え切れずに離婚を切り出して、その時気づいてももう手遅れだ……。西洋社会で広く知られた師のこの喩えで、なぜチベットの教えが西洋社会で広く関心をもたれているか、わかったような気がしました。

そのような日々の営みに気付いて感謝できる人間になれば、私たちはもっと自分にも他人にも、やさしくすることができるようになるでしょう。

でも、このことを知的に理解したり、他人に語ったりすることは簡単ですが、それを真に思い知り、日々を生きることは、本当にむつかしいのです。

仏教では、苦しみの真の原因を、私たちが物事を正しく捉えることができないこと、無明に求めます。

メーテルリンクの『青い鳥』ではありませんが、幸せの青い鳥は、どこか遠くにいるのではなく、自分の家の鳥が青い鳥だと気づくこと、それこそがさとりです。

地下鉄サリン事件直後に青酸ガス装置がしかけられた地下道を通った話をしましたが、オウムは自分たち以外の凡夫は生きていても悪業を積むだけだから、殺したほうがよいのだ、と説いていました。

もし被害にあわなかったとしたら、亡くなられた方々、今も後遺症に苦しむ方々、ご遺族の方々には、まったく別の未来があり、幸せ、日々の生活があったはずです。

犯行に加わった人たち自身の人生を含め、犯行はそれを一瞬にして奪ってしまいました。

日々の生のかけがえのなさに気づくことができるようになることが、修行が進んだしるしであり、そんなものには価値がなく、それとは別のどこか遠いところにさとりや解脱があるように思えるのは、その道が間違った道である何よりの証拠です。

自戒の念をこめて、繰り返しておきたいと思います。

本書は『チベット文化研究会報』の連載(「教えに基づく仏教入門」、「仏教あれこれ」)を中心に、折に触れてチベットの伝統について書いたりお話しさせていただいたものを見直して、再構成したものです。チベット文化研究会(中根千枝会長)、真宗大谷派・高明寺住職の三木悟師の主催する現代仏教塾(「日本仏教がチベット仏教に学ぶもの」、「チベットの浄土信仰」。YouTubeで公開)には、たびたび発表の機会を与えていただきました。それがなかったら、一書にまとめることなど到底できなかったでしょう。何人かの法友には、草稿の時点で目を通してもらい、指摘や励ましをいただきました。記して感謝したいと思います。

前著『空海に学ぶ仏教入門』に引きつづき、編集は松田健さんにお世話になりました。

二〇一八年一〇月

吉村 均

【仏教の教えの分類】

三転法輪

チベットでは、釈尊の教えを三度にわたって法輪を転じられた（＝教えを説かれたもの）として整理している（教えが説かれた場所：内容：阿含　大乗経典の別）。

・初転法輪：バラナシ：四聖諦（苦・集・滅・道）：阿含経典
・第二転法輪：霊鷲山：般若経典の空性の教え：大乗経典
・第三転法輪：ヴァイシャーリなど：唯識と如来蔵（仏性）の教え：大乗経典（密教は第三転法輪の教えとされる）

ダライ・ラマ法王は、仏教の基本となるのは、苦しみとその原因（苦諦と集諦）、苦しみの消滅とそれに至る実践（滅諦と道諦）の四つの真理（四聖諦）で、大乗経典の教えである第二転法輪と第三転法輪は、それぞれ滅諦と道諦を詳しく論じたものであるとしている。

輪廻と涅槃

チベットの伝統を含む大乗仏教では、実体視が苦しみの真の原因であるから、それからの解放の境地は、輪廻の外に設定され、目指されるが、実際には間違った捉え方からの解放なので、真の涅槃が輪廻の外にあるわけではないと説く。これは古代インドのナーガールジュナの仏教理解に基づいている。

【仏教理解の方法】

三慧：聞慧・思慧・修慧

言葉を超えた境地を理解している人から教えを受け、よく考え、理解が得られたら、それを反復することによって身につける必要がある。

【仏教の実践】

三学（戒・定・慧）と六波羅蜜（布施・持戒・忍辱・精進・禅定・智慧）

今の私たちは、対象を実体としてとらえ、反射的に欲しい・嫌だという気持ち（煩悩）が生じるため、それに引きずられないよう、日常意識においては戒律を守る誓いをたててそれを守る。また、一点集中（止）の瞑想をおこない、心が勝手に対象を捉えることを抑制する。これは病気の治療でいえば、症状を抑える段階に当たる。根治のためには、対象が実体でないことを理解し、その境地に集中して瞑想し、空性を体験する必要がある。空性を直接体験するのは、心が対象を捉えていない、深い瞑想中である。空性を体験しても、瞑想を終えれば心は対象を捉えるが、その時は以前のようには実体として映らなくなるといわれている。

そうやって瞑想中・瞑想後を往復しながら修行を続け、修行が完成した仏陀の境地においては、瞑想中・瞑想後にまったく差がなくなる、といわれている。

大乗仏教の実践とされる六波羅蜜は、ジャータカ（釈尊の前世物語）に描かれる善行をまとめたもので、布施・持戒・忍辱が三学の戒、禅定が定、智慧が慧に相当する。精進は三学すべてに関わる。

釈尊はインドの王子として生まれた生の修行だけで仏陀になったわけではなく、はるか昔から利他をなしつづけて仏陀になったのであり、自分が仏陀の境地に至るためには、同じ実践をなす必要があると考えられている。

ナーガールジュナは、仏陀の境地に至るための六波羅蜜の実践を智慧（一切皆空を理解）を積むことと福徳（一切衆生に対する利他）を積むことに要約し、それぞれ仏陀の法身（さとりを開いた真理そのもの）と色身（利他をなすための形ある姿）の因としている。色身は、修行の結果得られた報身と、衆生を救うためにそれぞれに応じて姿を現した化身に分類される。


【修行の階梯】

五道（資糧道・加行道・見道・修道・無学道）と菩薩の十地（初地〜第十地）

資糧道は、実践に必要なものを集める段階で、加行道にはいると、空性について不完全ではあるが体験的理解が得られるようになる（まだ直接火を目にしていないものの、熱や煙を感じてそこに火があることに疑いがなくなる）。見道において空性を直接体験し、修道でそれを深める。無学道は、もはや学ぶべきものがなくなった阿羅漢や仏陀の境地をいう。菩薩の十地は見道からはじまる。

阿羅漢を大乗の階梯のどこに位置づけるかは議論があるが、第七地に相当するという説が有力である。

【密教の分類】

所作タントラ・行タントラ・瑜伽（ゆが）タントラ・無上瑜伽タントラ

前三つは日本の雑密（ぞうみつ）・胎蔵（大日経）・金剛界（金剛頂経）に相当する。無上瑜伽タントラは、実践法としては日本に伝わらなかったと考えられている。無上瑜伽タントラの実践には、本尊や曼荼羅を観想する生起次第と、それらを収斂させてすべて消え去った境地に留まる究竟（くきょう）次第がある。

密教の実践をおこなう際は、資格ある師（阿闍梨（あじゃり））から灌頂とテキストの伝授、解説を受け、秘密を守るなどの密教の誓いを立てる必要がある。

ニンマ派には独自の九乗の教判があり、密教は外タントラ（チャリヤ・タントラ、ウパヤ・タントラ、ヨーガ・タントラ）と内タントラ（マハー・ヨーガ、アヌ・ヨーガ、アティ・ヨーガ）に分類される。外タントラが新訳派の下位タントラ、マハー・ヨーガが無上瑜伽タントラの生起次第、アヌ・ヨーガが究竟次第に相当する。アティ・ヨーガは奥義とされるゾクチェン（大究竟）である。

ちくま新書
1370

チベット仏教入門(ぶっきょうにゅうもん)
——自分(じぶん)を愛(あい)することから始(はじ)める心(こころ)の訓練(くんれん)

二〇一八年一一月一〇日　第一刷発行

著者　吉村　均(よしむら・ひとし)

発行者　喜入冬子

発行所　株式会社　筑摩書房
東京都台東区蔵前二-五-三　郵便番号一一一-八七五五
電話番号〇三-五六八七-二六〇一（代表）

装幀者　間村俊一

印刷・製本　株式会社　精興社

ISBN978-4-480-07191-0 C0215